생성형 AI로 수업 레벨 업

수업에 바로 쓰는 교과별 챗GPT 활용법

생성형 AI로 수업 레벨 업

최태준·문담·최선경·송세훈·장세라·김승주 지음

학교
도서관
저널

들어가는 말

우리는 지금 인공지능이라는 거대한 변화의 물결 앞에 서 있습니다. 특히 챗GPT, 달리(DALL-E), 미드저니(Midjourney) 등으로 대표되는 생성형 AI의 등장은 우리의 상상력을 새로운 차원으로 끌어올리고 있습니다. 생성형 AI는 일상 언어를 이해하고 생성할 뿐만 아니라, 텍스트로부터 이미지를 만들어 내고, 방대한 데이터를 분석해 새로운 통찰을 제시하는 놀라운 능력을 보여 줍니다. 이러한 혁신적인 도구들은 이미 다양한 산업 분야에서 활발히 활용되고 있으며, 우리의 일상생활도 빠르게 변화시키고 있습니다.

교육 분야도 마찬가지로 세계 유수의 교육기관들이 AI 활용을 위해 연구와 실험을 활발히 진행하고 있습니다. 하지만 정작 학교 현장에서 AI를 수업에 활용하는 사례는 드뭅니다. AI에 대한 교사들의 이해 부족, 구체적인 활용 방안의 부재, AI가 학생들의 능력 발달에 미칠 영향에 대한 우려 등 여러 난관이 존재하기 때문입니다.

그런 의미에서 『생성형 AI로 수업 레벨 업』은 교육계에 신선한 바람을 불어넣을 것입니다. 이 책에는 교육 현장에서 AI를 직접 활용한 교사들의 생생한 경험과 고민을 담았습니다. 국어, 수학, 영어, 사회, 미술, 기술 등 다양한 교과에서 생성형 AI를 어떻게 수업에 활용할 수 있을지를 구체적인 사례로 보여 줍니다. 그리고 그 과정에서 겪은 어려움과 발견도 함께 담았습니다.

　책에 소개된 수업 사례는 AI 활용의 폭넓은 가능성을 보여 줍니다. 단순한 지식 전달의 도구로 여기던 AI를, 학생들의 질문을 끌어내고 토론을 활성화하며 창의적이고 비판적인 사고를 자극하는 탁월한 촉매제로 활용합니다. 또한 AI를 맹목적으로 신뢰하지 않고, 한계와 윤리적 문제를 학생들과 함께 고민하는 과정도 돋보입니다. AI 활용 수업으로 학생들은 인공지능 시대를 살아갈 역량과 균형 잡힌 시각을 기를 수 있을 것입니다.

　1부에서는 생성형 AI의 기본 원리를 쉽게 설명하여 독자의 이해를 돕고자 하며, 이를 통해 생성형 AI가 지닌 가능성과 한계를 함께 짚어 보고자 합니다. 또한, 수업에서 쓸 만한 생성형 AI 도구들과 생성형 AI의 효과적인 활용법을 소개합니다. 특히, 관심 있는 교사들이 수업에 바로 쓸 수 있도록 생성형 AI를 200% 활용하기 위한 핵심 명령어(프롬프트)와 노하우를 제시합니다.

　2부에서는 생성형 AI를 활용한 수업 사례를 상세히 소개합니다. 통계 자료 해석부터 영작문, 토의토론, 사실적 읽기, 문학 감상, 미술 창작, 챗봇 만들기까지 교과 간 융합이 가능한 수업을 중심으로 담았습니다. 교과 수업뿐 아니라 창의적 체험활동, 자율교육과정 융합 수업 등 다양한 활용

사례도 포함했습니다. 각 수업 사례는 학습 목표, 성취 기준, 수업 설계, 실제 수업 장면, 수업 중 노하우, 평가 계획, 생활기록부 작성 예시, 활동지 등 수업의 전 과정을 생동감 있게 보여 줍니다. 또한, 새로운 도전을 즐기고 학생과 함께 배워 가려는 교사의 열정을 곳곳에 담았습니다.

특히 AI 활용에 아직 익숙하지 않은 교사에게 이 책은 좋은 길잡이가 될 것입니다. 책에 담긴 구체적인 수업 아이디어와 팁은 AI 활용의 첫걸음을 내딛는 데 큰 도움이 될 것이며, 동료 교사들의 경험담은 AI 수업에 대한 막연한 두려움을 해소하는 데 효과적일 것입니다.

교사야말로 교육 현장에서 AI의 잠재력을 최대한 끌어낼 수 있는 존재입니다. 교사는 수업의 맥락과 학생의 특성을 잘 이해하기 때문에, AI를 창의적이고 효과적으로 수업에 녹여 낼 수 있습니다. 인공지능 시대를 살아갈 학생들에게 필요한 역량이 무엇인지, 그것을 어떻게 길러 줄 것인지 가장 잘 이해할 수 있는 사람도 교사입니다. 따라서 AI라는 혁신적 도구의 등장은 교사의 역할과 전문성을 더욱 중요하게 만듭니다.

그런 의미에서 이 책이 교사들에게 소중한 선물이 되길 희망합니다. AI와 교육의 만남이라는 항해에 나설 지용, 그리고 동료와 함께 성장하는 즐거움을 선사할 것입니다. 더 많은 교사가 AI의 가능성에 눈뜨고, 자신만의 색깔로 AI 활용 수업을 디자인하면 좋겠습니다.

우리 아이들이 살아갈 미래를 향해 우리 교육도 달라져야 할 때입니다. 『생성형 AI로 수업 레벨 업』은 변화를 일으키는 힘찬 바람이 될 것입니다. 교사와 학생이 AI와 함께 새로운 교육을 만들어 가는 여정, 바로 지금 시작합니다!

2024년 6월

최태준, 문담, 최선경, 송세훈, 장세라, 김승주 드림

차례

들어가는 말　　　　　　　　　　　　　　　4

1부　교실로 들어온 AI

1장 그래서 생성형 AI가 뭐지

01　반드시 알고 가야 할 생성형 AI의 기본 원리　　　13
02　놀라울 정도로 똑똑하고, 어리바리한 생성형 AI　　　18
03　어떻게 하면 생성형 AI를 제대로 쓸 수 있을까?　　　24
04　수업에서 쓸 만한 생성형 AI　　　28
05　상황과 목적에 따른 생성형 AI 200% 활용법　　　32

2장 프롬프트, 제대로 써야 제대로 작동한다

01　프롬프트란 무엇일까?　　　38
02　프롬프트 작성 요령: 생성형 AI의 숨겨진 힘을 끌어내는 법　　　43
03　프롬프트 작성 시 유의 사항　　　53

2부 AI와 함께 수업하기: 통계자료 해석부터 창작 활동까지

1장 `통계` AI와 떠나는 통계 모험 — 64

2장 `영작` 챗GPT로 pre-영작문하기 — 82

3장 `토의·토론` 정답이 없는 문제에서 챗봇과 토론하기 — 102

4장 `확률, 토의·토론` 선택을 바꾸는 게 유리할까? — 118

5장 `독해` 챗봇과 읽기 대결! — 140

6장 `문학` 나만의 보조 작가 챗봇 — 160

7장 `문화, 미술` AI로 그려 보는 다양한 문화 — 184

8장 `미술` 새로운 미술, Next Art의 시작 — 196

9장 `기술` 야, 나도 챗봇 만들 수 있어 — 216

부록 I 수식 입력은 어떻게 해야 할까? — 256

부록 II 유료 버전 챗GPT로 맞춤형 챗봇 만들기 — 262

일러두기
· 이 책에 등장하는 AI는 모두 생성형 AI를 가리킨다.
· 챗GPT 이용 시 무료 버전과 유료 버전 사용자 화면에 차이가 있다. 이 책은 챗GPT 3.5를 기준으로 하였다.
· 챗GPT 서비스는 GPT-3.5, GPT-4 등의 인공지능 모델을 제공한다. 이 책에서 둘의 구분이 필요하지 않은 경우는 '챗GPT'로 통일하여 표기하였다.

1부

교실로 들어온 AI

김승주

1장
그래서 생성형 AI가 뭐지

생성형 AI를 반드시 수업에 사용해야 할까요?
AI는 마치 '자동차' 같습니다.
올바른 사용법을 알고 운용해야 할 도구라는 말입니다.
어떻게 하면 AI를 제대로 운전할 수 있을까요?

01
반드시 알고 가야 할 생성형 AI 기본 원리

생성형 AI generative AI는 텍스트나 이미지 등을 생성할 수 있는 인공지능(AI)을 의미합니다. 'ChatGPT(챗GPT)'가 대표적인 생성형 AI 서비스입니다. 이제는 마치 '챗GPT = 생성형 AI'가 되어 버렸지만요. 우리가 묻기만 하면 순식간에 답을 찾고, 과제를 해결하는 챗GPT. 과연 어떤 원리가 숨어 있는 걸까요?

챗GPT는 어떤 원리로 동작하나요?

생성형 AI는 텍스트나, 이미지 또는 영상이 입력되면 그걸 바탕으로 다른 텍스트와 이미지, 영상을 생성합니다. 텍스트를 생성하는 AI 중에서 가장 대표적인 '챗GPT'의 텍스트 생성 과정으로 작동 원리를 살펴보겠습니다. 사실 알고 보면 놀라울 정도로 간단합니다. 챗GPT는 문장 끝에 어떤 내용이 이어질지 예측하는 놀이를 반복하는 방식으로 작동합니다. 다음 문장을 한번 완성해 봅시다.

"걱정하지 마세요. 생성형 AI는 어렵지 _____."

빈칸에 올 수 있는 말로는 "않습니다, 않아요, 않거든요, 않으니까요, 않을 겁니다, 않다니까요?" 등이 있을 텐데요. 모두 정답입니다! 정확하게 말하자면, 아래 예시와 같이 챗GPT는 문장의 앞부분부터 글자를 하나하나 적어 가며 문장을 완성합니다. 한 번에 전체 문장을 적어 넣는 게 아니라, 차근차근 바로 다음에 올 문자열sequence을 적어 나갑니다. 맥락상 올 수 있는 가장 그럴듯한 말을 찾아가면서요. 예를 들어, "생성형 AI는 어렵지 않아요."라는 문장을 완성하기까지 챗GPT는 여러 차례에 걸쳐 예측하고 문장을 완성합니다.

> **사용자**
> 생성형 AI가 너무 복잡하고 어려우면 어쩌지. 걱정되는데….
>
> **AI**
> 생성형 __
> 생성형 AI __
> 생성형 AI는 _____
> 생성형 AI는 어렵지 _____ ── 숨겨진 단계
>
> **생성형 AI는 어렵지 않아요.** ── 우리 눈에 보이는 결과

도대체 이런 예측은 어떻게 하는 걸까요? 맥락을 고려해서 가장 그럴듯한 말, 그러니까 확률이 높은 말을 찾는다고 하는데, 그럼 확률은 어떻게 계산하는 걸까요? 비밀은 챗GPT가 학습한 '데이터'에 있습니다. 이런 능력을 갖추기까지 챗GPT는 엄청난 분량의 언어 데이터에서 다음 작업을 반복합니다.

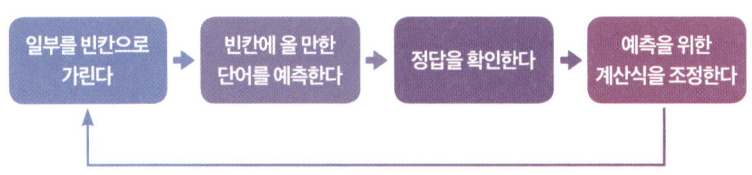

챗GPT의 학습 방법

맥락을 고려해 세운 자기 나름의 가설을 검증하고 수정하는 과정을 무수히 반복하면서 언어에 대한 감을 잡아 갑니다. 여기서 '감'이란 결국 언어 안에 존재하는 패턴이고, 챗GPT는 무수히 많은 데이터를 통해 이러한 패턴을 가장 잘 설명하는 계산식을 발견한 것입니다.

> **더 알아보기 1** 챗GPT는 학습한 데이터에서 단어들의 등장 빈도를 계산하는 건가요?

아닙니다. 먼저 이것을 이해하려면, '걱정하지 마세요. 생성형 AI는 어렵지 _____'라는 문장을 보고 우리가 그럴듯한 표현을 어떻게 찾는지 생각해 봐야 합니다. 왜 다음과 같은 표현은 어색할까요?

걱정하지 마세요. 생성형 AI는 어렵지 말씀니다.

"'걱정'이라는 단어가 나왔으니까."라고 답할 수도 있을 겁니다. 하지만 '(저는) 걱정이 되는 게, 생성형 AI는 어렵지 말입니다.'라는 문장에도 '걱정'이 나오거든요. 그럼, '걱정', '마세요' 이렇게 두 단어면 충분할까요? 빈칸에 올 적절한 표현을 찾기 위해 고려해야 하는 부분을 모두 표시하면 다음과 같습니다.

걱정하지 마세요. 생성형 AI는 어렵지 _____

저는 색상으로 중요도 함께 표시해 봤습니다. 표현을 확실하게 적기 위해서는 생각보다 많은 단어가 필요하다는 것을 알 수 있습니다. 과거 연구자들은 단어가 등장하는 규칙을 체계적으로 정리하다 보면 궁극적으로 빈칸을 알맞게 채우는 기계를 만들 수 있으리라 생각했습니다. 즉 언어의 패턴을 설명하고 예측하는 계산식을 만들 수 있으리라 생각했습니다. 하지만 생각보다 인간의 언어는 복잡했습니다. 결국 앞선 예시처럼 문장의 모든 요소를 고려하면서, 특정 단어의 중요도 함께 판단하도록 만들어야 효과적이라는 결론에 이릅니다.

더 알아보기 2 왜 빈칸 채우기가 아니라 채팅 형식으로 보이나요?

우리에게 보이는 화면은 채팅 형식일지라도, 실제 챗GPT가 받는 요청 메시지는 사뭇 다릅니다. 우리가 챗GPT를 사용하면 챗GPT는 마찬가지로 문장의 마지막 부분에서 빈칸 채우기 과제를 수행합니다. 여기서 다음 예시처럼 우리에게 보이지 않는 부분도 존재한다는 점을 알아 둘 필요가 있습니다.

> 당신은 인간의 질문에 답변하는 AI입니다. 사용자의 요청에 따라 응답하되, 유해하거나 불법적인 내용을 생성하지 마세요. 정중하고 도움이 되는 어조를 사용하세요.
>
> 🧑 **사용자**
> 생성형 AI가 너무 어려우면 어쩌지. 걱정되는데….
>
> 🤖 **AI**
> _____

이때 생성형 AI에 어떤 '말(프롬프트)'로 요청하느냐에 따라, 성능이 좋아지기도 하고 나빠지기도 합니다. 그러니 이것은 일종의 '영업 비밀'입니다. 다음 장에서 알게 모르게 공유되고 있는 영업 비밀 중 일부를 함께 살펴보겠습니다.

02
놀라울 정도로 똑똑하고, 어리바리한 생성형 AI

원리가 생각보다 간단해서 놀라셨나요? 이러한 결과는 생성형 AI 연구자들에게도 흥미로운 현상이었습니다. 지금은 하나의 서비스명으로 자리 잡은 챗GPT(GPT-3.5) 이전에도 GPT-1, GPT-2, GPT-3와 같은 언어모델들이 있었습니다만, GPT-3만 해도 지금보다 훨씬 엉뚱한 텍스트를 생성하곤 했습니다.

> **사용자**
> 고구마로 삼행시를 지어 줘.
> 고:
>
> **AI**
> 고구마. 마: 마 ㅎㅎㅎㅎㅎㅎㅎㅎㅎㅎㅎㅎㅎㅎㅎㅎㅎㅎ

챗GPT-3의 엉뚱한 대답

GPT-3에 이르기까지 연구자들은 기계가 더 복잡한 규칙을 학습할 수 있도록 더 많은 데이터를 활용해 고차원의 계산식을 찾도록 훈련시켰습니다. GPT-3.5를 훈련할 때는 거기에 더해 어떤 응답이 상대적으로 좋은 응답인지 예시를 보여 줬습니다. 결과는 놀랍게도 대성공이었습니다. 불과 얼마 전까지 더듬더듬 겨우 말만 할 줄 알던 언어모델이 갑자기 수학 문제를 풀고, 코드를 짜고, 논리적인 추론 능력을 보이기 시작한 것입니다. 아래 그림처럼 유료 결제 시 사용 가능한 GPT-4의 경우, 상위 10%에 해당하는 점수로 미국 변호사 시험을 통과하는가 하면, 그 외 다양한 대학 과목 선이수제(AP) 과목 시험, 대학원 입학시험(GRE), 법학적성시험(LSAT) 등에서 상위 10~20% 내의 성적을 보여 줬습니다.

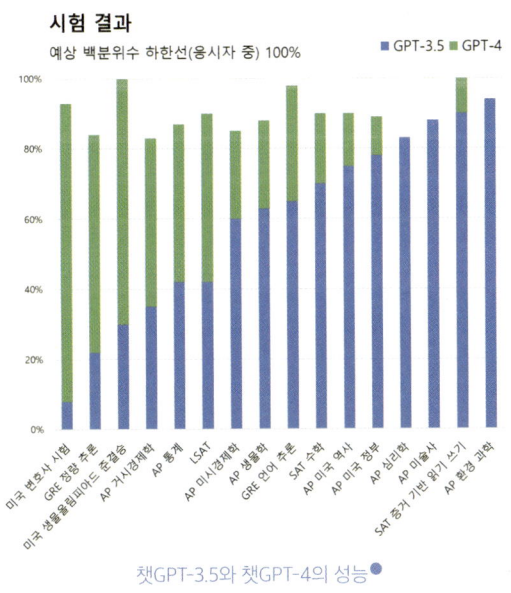

챗GPT-3.5와 챗GPT-4의 성능

● GPT-4 기술 보고서 [그림4] 재구성[Achiam, J., Adler, S., Agarwal, S., Ahmad, L., Akkaya, I., Aleman, F. L., ⋯ & McGrew, B. (2023). Gpt-4 technical report. arXiv preprint arXiv:2303.08774].

언어모델이 갖고 있는 이러한 창발적 능력emergent ability, 즉 설계자가 의도하지 않았음에도 어떠한 능력이 생기는 현상은 정말 놀랍습니다. 단지 다음 단어를 예측하도록 했을 뿐인데, 어느 순간 번역을 하고 수학 문제를 풀기 시작했으니까요. 왜 이런 현상이 발생하는지 현재로선 분명하게 알 수 없지만, 아마도 방대한 양의 텍스트 데이터를 학습하는 과정에서 언어의 구조와 패턴뿐만 아니라 언어 데이터 안에 존재하는 여러 분야의 지식을 폭넓게 습득한 결과가 아닐까 추측하고 있습니다.

그렇게 대단하다는데 왜 이렇게 어리바리한 거죠?

처음 챗GPT-3.5를 써 보면 '한두 번은 참 신기하긴 한데, 그다지 쓸 만하지는 않다.'거나 '그래서 이거를 어디에 어떻게 써야 하나?' 하는 생각이 들게 마련입니다. 예상보다 성능이 좋지 않아서입니다. 대표적으로 챗GPT-3.5는 간단한 삼행시 짓기를 전혀 이해하지 못하는가 하면, 터무니없는 거짓말을 지어냅니다.

이러한 현상을 일반적으로 환각hallucination이라고 합니다. 왜 이렇게 말도 안 되는 이야기를 하고 그럴듯한 거짓말을 지어낼까요? 그 이유는 챗GPT를 비롯한 언어모델들이 기본적으로 다음에 올 단어를 예측해서 가장 그럴듯한 답변을 내도록 훈련받았기 때문입니다. 즉 자료를 조사해서 응답을 생성한다거나 사실 여부를 검증하는 방식이 아니라, 어떻게든 그럴듯한 말을 지어내도록 설계되어 있기 때문입니다. 챗GPT를 한번 사용했다가 몇 번 이런 상황을 경험하고 나면 사용하지 않게 되는 경우가 많습니다. 하지만 말씀드렸듯이, 아직 실망하기는 이릅니다. 다음 챗GPT-4와 제미나이, 코파일럿의 결과를 함께 보시죠.

삼행시 짓기

🧑 **사용자**
고구마로 삼행시를 지어 줘.

🤖 **AI**
고구마는 달고 맛있고
뜨거운 오븐 속에서 익어가는 곳
저녁 밥상에 올라가면
가족들 모두 행복해져 함께 식사하네

역사적 사실 묻기

🧑 **사용자**
세종대왕 맥북 던짐 사건에 대해 알려 줘.

🤖 **AI**
세종대왕 맥북 던짐 사건은 2020년 12월 10일에 발생한 사건으로, 당시 한 온라인 커뮤니티에 올라온 글에서 이 사건이 알려졌습니다. 해당 글은 대한민국 세종대왕의 이름을 사용하며, 세종대왕이 맥북을 던져서 파손했다는 내용을 담고 있었습니다.

챗GPT-3.5의 결과

삼행시 짓기

🧑 **사용자**
고구마로 삼행시를 지어 줘.

🤖 **AI**
고: 고요한 밤, 별빛 아래
구: 구워진 고구마 향기가
마: 마음을 따뜻하게 해 줍니다

역사적 사실 묻기

🧑 **사용자**
세종대왕 맥북 던짐 사건에 대해 알려 줘.

🤖 **AI**
세종대왕 맥북 던짐 사건은 실제 역사적 사건이 아니며, 챗GPT와 같은 인공지능이 만들어 낸 가공의 내용입니다. 이 이야기는 인터넷에서 화제가 되었고, 많은 사람이 이를 진지하게 논의하기도 했습니다. 그러나 명확히 말하자면, 이 사건은 역사적 사실이 아닙니다. …

챗GPT-4의 결과

삼행시 짓기

🧑 **사용자**
고구마로 삼행시를 지어 줘

🤖 **AI**
고요한 밤, 달빛 아래 흙 속에서 잠든
구름처럼 부드러운 달콤함을 간직한
마음 따뜻한 겨울 선물, 고구마.

역사적 사실 묻기

🧑 **사용자**
세종대왕 맥북 던짐 사건에 대해 알려 줘

🤖 **AI**
세종대왕 맥북 던짐 사건은 사실 존재하지 않는 사건입니다. 2023년 3월, 챗GPT라는 인공지능 모델이 사용자의 질문에 대한 답변에서 역사적 사실과 상반되는 내용을 만들어 낸 것에서 시작되었습니다. …

제미나이의 결과

> **삼행시 짓기**
>
> 👤 **사용자**
> 고구마로 삼행시를 지어 줘
>
> 🤖 **AI**
> 고: 고구마는 달콤하게
> 구: 구워 먹으면 맛있어
> 마: 마음에 드는 간식이지
>
> **역사적 사실 묻기**
>
> 👤 **사용자**
> 세종대왕 맥북 던짐 사건에 대해 알려 줘
>
> 🤖 **AI**
> 세종대왕 맥북 던짐 사건은 사실 존재하지 않는 사건입니다. 2023년 3월, 챗GPT라는 인공지능 모델이 사용자의 질문에 대한 답변에서 역사적 사실과 상반되는 내용을 만들어 낸 것에서 시작되었습니다. …

코파일럿의 결과

    이처럼 삼행시를 쓰거나, 역사적 사실을 물을 때 챗GPT-3.5 사용은 부적절합니다. 이들이 제대로 동작하는 것은 언어모델 자체의 성능이 좋아져서이기도 하지만, 포털의 검색 결과를 기반으로 응답을 생성하는 로직이 추가됐기 때문입니다. 과제에 따른 챗GPT-3.5와 챗GPT-4 성능 차이는 상당합니다. 거기에 더해 유료 버전에만 있는 특정 기능들(웹 검색, 이미지 생성, 데이터 분석 등)을 생각해 보면 사용자가 느끼는 성능의 차이는 그보다 더 커집니다.

    그럼에도 여전히 사용에 주의가 필요합니다. 연구자들이 노력하고 있지만 여전히 생성형 AI는 부정확하거나, 편견이 담긴 응답을 생성하곤 합니다. 다음 그림을 살펴볼까요? 챗GPT-4에 탑재된 이미지 생성 AI '달리'가 그린 그림입니다.

    보이는 것처럼 '한국'과 관련된 이미지를 요청하는 경우, 우리나라 전통의 기와집 구조로 건물을 그리는 경우가 많습니다. 아마도 '한국'이라는 키워드와 관련해서 학습한 데이터 중 기와집 데이터가 많기 때문이라고 추측할 수 있습니다. 해외에서 사람들에게 '한국' 하면 떠오르는 이미지가

'한국의 국회의사당을 그려 줘'라고 요청했을 때 결과물

'21세기 한국의 시골 풍경을 그려 줘'라고 요청했을 때 결과물

여기에도 반영된 것일까요? 어쨌든 우리가 알고 있는 한국과, AI가 생각하는 한국은 분명히 다른 것 같습니다. 이렇듯 AI가 사실과 다를뿐더러 편견이 담긴 결과를 생성할 수 있다는 점을 염두에 두어야 합니다.

03

어떻게 하면 생성형 AI를
제대로 쓸 수 있을까?

저희는 모두 비슷한 고민에서 챗GPT 수업 연구를 시작했습니다. "다들 챗GPT, 챗GPT 하는데, 어떻게 해야 잘 활용할 수 있을까?" 하는 아주 단순한 고민으로부터요.

무엇보다 챗GPT가 나온 이후에 몇몇 학생들이 AI를 이용해서 과제를 하거나, 그랬으리라 의심되는 상황을 맞닥뜨리면서 고민은 점점 커졌습니다. 다음 세 가지 질문은 저희가 그간 고민했고, 선생님들과 함께 고민해 봤으면 하는 물음들입니다.

과제 할 때 챗GPT가 어디까지 도와줘도 되는 걸까?

우리 아이들은 AI를 이미 기가 막히게 사용하고 있습니다. 몇 마디 요청만으로 그럴듯한 결과물을 순식간에 얻지만, 한편으로 아이들이 시간 들여 깊이 고민하면서, 또 지루함을 견디면서 뭔가 배울 수 있는 여지가 줄기도 합니다. AI가 아이들이 반드시 거쳐야 할 학습 과정을 없애거나, 학습 기회를 제한하는 것은 아닌가 고민이 됩니다.

> 🧑 **사용자**
> 나 대신 시를 써 줘. "찬란한 슬픔의 봄"이라는 표현을 사용해서 2문단으로.
>
> 🤖 **AI**
> 찬란한 슬픔의 봄, 꽃잎이 내리는 속삭임 속에서
> 그리움이 서려 있는 길을 걷노라니
> 햇살은 따스하게 내 맘을 어루만지나
> 그늘 아래 숨겨진 슬픔이 눈물 되어 흐른다
>
> 봄비는 내 마음의 갈증을 적시며
> 아련한 기억의 먼지를 씻어 내리네
> 찬란함 속에 숨겨진 슬픔의 무게를 안고서도
> 새 생명의 속삭임에 희망의 노래를 부르리니

AI를 활용하면 단 두 문장으로 시 한 편을 창작할 수 있다.

물론 안 좋은 점만 있는 건 아닙니다. 적절하게 활용한다면 아이들이 과제에 지나친 어려움을 느껴 포기하지 않도록 도와 줄 수도 있겠고요. 수업 중 학습 목표와 직결되는 중요한 지점에 집중하도록 도와줄 수도 있습니다. 중요한 것은 AI를 수업에서 활용할 때 반드시 둘 사이에서 어떻게 균형을 맞춰야 하는지를 고민해야 한다는 것입니다.

정말로 잘 알고 쓰고 있는 것인가?

이 질문은 'AI 기술을 잘 이해하지 못해서, 잘못 혹은 잘 못 사용하는 경우는 없는가?' 하는 질문입니다. 물론 우리가 컴퓨터를 사용하기 위해, 반드시 컴퓨터의 내부 구조와 작동 방식을 알아야 할 필요는 없죠. 그걸 몰라도 충분히 활용할 수 있으니까요. 하지만 생성형 AI는 조금 다릅니다. 생성형 AI는 '자동차'에 가깝거든요. 작동법을 알고, 특징과 한계, 위험성을 이해해야만 제대로 사용할 수 있습니다. 만약 아래 질문에 3개 이상 정확하게 답변하기 어렵다면, AI를 수업에 '잘못' 사용하거나 잘 '못' 사용할 가능성이 큽니다. 아래 퀴즈를 풀어 보시고 1부터 차근차근 읽어야 할지, 2부로 바로 넘어가도 될지를 판단해 보세요.

생성형 AI 활용 지식 퀴즈

- 생성형 AI는 거짓말을 하는 문제가 있으므로, 실제 자료를 조사하는 데 사용해서는 안 된다. (O/X)
- 일반적으로 한국어로 질문할 때보다 영어로 질문할 때 성능이 높아지므로 영어로 바꿔서 질문하는 것이 좋다. (O/X)
- 생성형 AI가 제대로 된 응답을 내놓지 못할 때는 애초부터 나의 요청 사항이 모호하지 않았는지를 먼저 점검한다. (O/X)
- 명확하게 질문했는데도, 응답하지 못하면 AI의 성능이 낮기 때문이라 해결할 방법이 없다. (O/X)
- 챗GPT-4에는 파이썬 코드를 실행하여 데이터를 분석하는 기능이 있어서, 데이터 분석이나 수식 계산 과정의 오류로부터 완전히 자유롭다.

정답: X / X / O / O / X

생성형 AI, 수업에 꼭 써야 할까?

AI를 반드시 수업에 사용해야 할까요? 물론, 시대에 발맞추어 아이들이 최신 기술을 잘 이해하고 활용할 수 있도록 도와줘야겠지요. AI 리터러시가 중요하다는 점엔 동의합니다. 하지만 교사로서 개별 교과의 학습 목표를 달성하는 데 과연 AI가 최선인가 하는 문제를 생각하게 됩니다. AI는 어디까지나 도구일 뿐이니까요. 저희는 이 책을 쓰면서 "과연 어떤 수업, 어떤 성취 기준에 AI를 적용하는 것이 좋을까?"라는 물음에 답해 보았습니다.

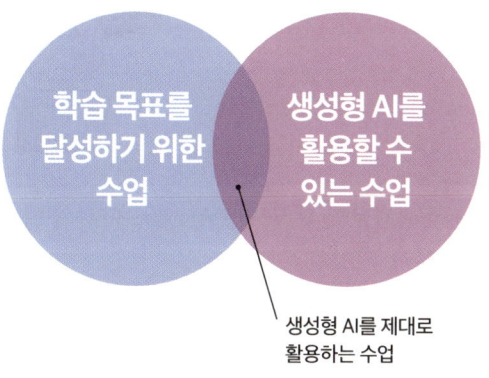

수많은 AI 활용 수업과 아이디어를 보면서 저희는 생성형 AI를 한 번 쓸 수 있는 수업은 많지만, 제대로 쓰는 수업은 적다는 결론을 내렸습니다. 그러면 어떻게 해야 제대로 쓰는 걸까요? 두 가지가 필요합니다. 첫 번째는 AI의 사용법과 한계에 대한 이해, 두 번째는 선생님의 고민(아이디어)입니다. 첫 번째를 알아야, 두 번째를 제대로 해결할 수 있습니다. 생성형 AI는 '컴퓨터'가 아니라 '자동차'와 비슷하다는 점을 기억하세요. 그럼 생성형 AI, 한번 제대로 운전해 볼까요?

04
수업에서 쓸 만한 생성형 AI

"챗GPT 써 봤는데 생각보다 너무 별로던데요. 이걸 수업에 어떻게 쓰면 좋을까요?"

앞서 살펴봤듯이 챗GPT를 한 번쯤 사용해 보셨거나, 사용하려는 많은 선생님께서 무료 버전을 써 본 뒤, 생각보다 실망스러운 성능에 사용하기를 포기하십니다. 하지만 기본 기능 외에 다양한 서비스가 있고, 저마다 장단점이 있기 때문에 목적과 상황에 맞는 적절한 서비스를 선택하는 것이 무엇보다 중요합니다. 다음은 여러 종류의 생성형 AI를 사용해 본 저희 나름의 평가와 특징을 정리한 것입니다.

서비스명 (운영사)	연령제한	서비스 비용	주요 특징	본서 2부 활용 사례	주소
챗GPT (OpenAI)	만 14세 이상 (만 18세 미만의 경우 부모 동의 필요).	무료	성능 보통 이하 (★★☆☆☆) · 보통 수준의 성능 · 일부 유료 기능에 대한 한시적 접근 허용 · 무료 버전만 사용해야 한다면 제미나이, 코파일럿 사용을 추천	1장 2장 4장 5장 6장 9장	QR
		유료	성능 매우 우수 (★★★★★) · 문서 기반 대화 기능 · 데이터 분석 기능 · 맞춤형 챗봇 제작 및 공유(GPTs) · 웹 검색 결과 기반 응답 · 이미지 생성 기능		
제미나이 (Google)	만 14세 이상	무료	성능 보통 (★★★☆☆) · 무료 버전임에도 준수한 성능 · 웹 검색 결과 기반 응답 · 이미지 생성 기능(영어로만 가능)	7장 9장	QR
		유료	성능 우수 (★★★★☆) · 문서 기반 대화 기능(약 1,500쪽 분량의 문서 업로드 가능) · 데이터 분석 기능 · 구글 독스, 드라이브 등 앱과 연동		
코파일럿 (Microsoft)	만 14세 이상	무료	성능 보통 (★★★★☆) · 웹 검색 결과 기반 응답 · 이미지 생성 기능	2장 7장 8장	QR
뤼튼 (wrtn.)	전 연령 사용 가능 (만 14세 미만의 경우 보호자의 동의 필요)	무료	성능 보통 (★★★☆☆) · 속도가 다소 느리나, 챗GPT-4 무료 사용 가능(OpenAI의 챗GPT와 다른 응답) · 웹 검색 결과 기반 응답 기능 · 이미지 생성 기능 · 맞춤형 챗봇 제작 및 공유	1장 3장	QR
미드저니	만 14세 이상	유료	성능 매우 우수 (★★★★★) · 전문적인 이미지 생성 기능	8장	QR

(2024.05.26. 기준)

● 생성형 AI는 어제오늘이 다르게 발전하는 상황이기 때문에 얼마 지나지 않아 여기에 새로운 기능이 추가될 수도 있고, 성능이 개선될 가능성이 큽니다. 하지만 동시에 강조해서 말씀드리고 싶은 것은, 지금 이것들만으로도 수업에 활용하기 충분하다는 점입니다.

앞서 정리한 생성형 AI를 최대한 효과적으로 활용하기 위해서는 세 가지 전략이 필요합니다.

전략 ①: 사용 목적이나 여건에 따라 적당한 서비스를 선택한다

챗GPT 무료 버전도 경우에 따라서 충분히 활용할 수 있지만, 유료 버전과 성능 차이가 크고, 각종 기능에 제한이 상대적으로 많습니다. 만약 무료 버전을 사용하고자 하는 경우, 제미나이나 코파일럿을 추천합니다. 최신 정보나 사실 확인이 필요할 때도 유용합니다.

이미지를 생성한다면 코파일럿도 수업에 활용하기엔 충분합니다만, 전문적인 느낌의 이미지를 만들고자 한다면 미드저니가 좋습니다. 이 밖에도 국내 서비스로 뤼튼을 사용할 수 있습니다.

전략 ②: 생성형 AI의 성능을 UP! 시키는 방법을 사용한다

성능을 높이는 가장 쉽고 빠른 방법은 유료 버전을 사용하는 것이긴 합니다. 하지만 무엇보다도 챗GPT 같은 AI는 사용자가 어떤 명령어로 작업을 요청하느냐에 따라 응답의 질이 달라집니다. '아' 다르고 '어' 다르다는 말이 딱 맞습니다. 그러므로 선생님이 미리 준비한 프롬프트(명령어)를 참고해 학생들이 AI를 활용하도록 하면 훨씬 더 효과적으로 활용할 수 있습니다. 그럼 프롬프트는 어떻게 작성해야 할까요? 그건 다음 장에서 자세히 소개할 예정입니다. 혹시 바로 가져다 쓸 수 있는 프롬프트는 없을까요? 물론 있습니다. 2부에서는 다양한 수업 사례를 통해 수업 시간에 어떤 프롬프트가 사용됐는지, 아이들이 해당 수업에서 어떤 프롬프트를 사용하면 좋을지 실어 두었습니다.

전략 ③: 완벽하지 않은 점을 수업에 적극적으로 이용한다

하지만 꼭 성능이 더 좋아야만 활용할 수 있는 것은 아닙니다. AI 특유의 어딘가 모르게 어색하고 중언부언하는 듯한 느낌의 글도, 그럴듯하게 지어낸 거짓말도 잘만 활용하면 재밌는 수업 소재가 되고요. AI가 조금은 부족해도 글 한 줄 적기 어려워하는 아이들, 붓질 한 번 어려워하는 아이들에게 자신감을 주는 좋은 기제가 되기도 합니다.

물론, 성능이 좋으면 사용하기에 더 편리합니다. 정교하지 않은 프롬프트를 입력해도 찰떡같이 알아듣고 답을 해 주거든요. 효과적으로 사용하면 개인의 생산성을 엄청나게 높일 수 있습니다. 하지만 우리의 목표는 아이들의 생산성을 높이려는 게 아니니까요.

세 가지 전략과는 별개로 생성형 AI 서비스들의 사용 연령을 고려해야 합니다. 대부분의 서비스에서는 사용자의 데이터를 수집하고 있기 때문에, 약관이 어떻든 간에 기본적으로는 우리나라 「개인정보보호법」상의 기준 연령인 만 14세 이상을 적용받습니다. 만 14세 미만의 아동이 사용하려는 경우, 부모의 동의가 있어야 합니다. 또한, AI가 폭력적이거나 선정적인 내용, 혐오나 차별이 담긴 내용을 생성할 가능성이 있으니 유의해야 합니다. 각 교육청의 AI 활용 지침을 살펴보시고,• 반드시 적절한 관리 감독하에 학생들이 AI를 사용할 수 있도록 지도해야 합니다.

• 서울특별시교육청의 학교급별 AI 활용 지침에 따르면, 초등학교에서는 교사 주도의 시연 중심 수업을 해야 합니다. 중학교부터는 교사 지도하에 학생이 직접 사용하되 부모나 법적 보호자의 동의가 필요할 경우, 가정통신문을 활용해서 동의 후 사용하도록 안내하고 있습니다.

05
상황과 목적에 따른
생성형 AI 200% 활용법

웹 검색 결과를 기반으로 한 응답을 얻고 싶을 때

여러 생성형 AI 서비스들은 인터넷의 최신 정보까지 학습한 모델로 업데이트되고 있습니다. 그럼 생성형 AI가 최신 정보에 제대로 답할 수 있는지를 확인하려면 매번 어느 시점까지의 데이터로 훈련됐는지 확인해야 할까요? 그렇지 않습니다. 다음 면의 예시처럼 웹 검색 결과를 기반으로 응답해 주는 기능이 등장했거든요. 이런 기능은 현재 코파일럿과 제미나이, 그리고 챗GPT-4에서 모두 지원합니다.

특별히 검색 결과를 기반으로 응답을 얻고자 하는 경우 Perplexity AI (https://www.perplexity.ai)나 코파일럿을 추천합니다. Perplexity AI는 사용자가 출처를 선택할 수 있기 때문에 신뢰할 만한 출처를 활용할 수 있지만, 무료 버전은 검색 횟수에 제한이 있습니다. 한편, 코파일럿은 마이크로소프트 엣지 브라우저에서 활용할 때 편리합니다. 출처가 되는 웹페이지를 바로 옆 화면에서 동시에 탐색할 수 있거든요.

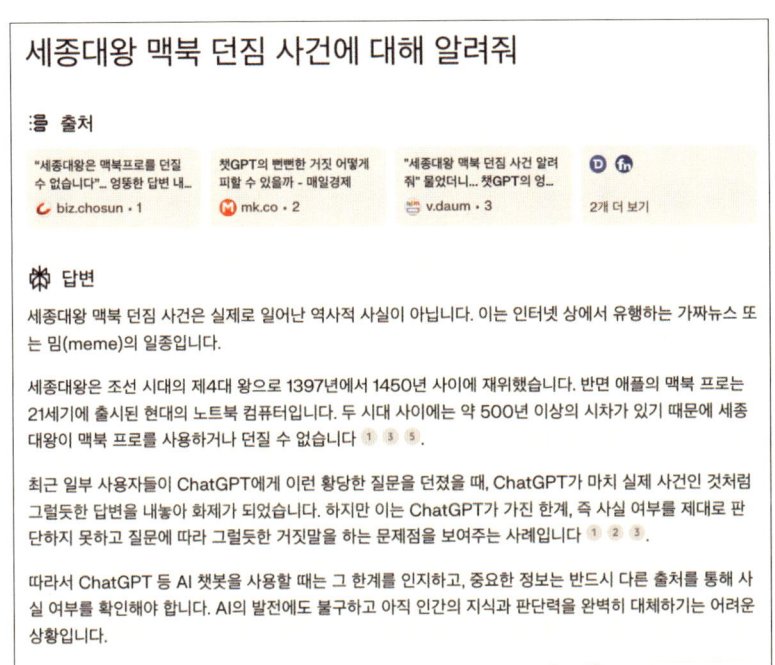

자료에 근거해서 대답하도록 요청하기

모든 생성형 AI는 그럴듯한 거짓말을 지어내는 데 능숙하며, 아주 긴 메시지로 무언가를 요청하면 그럴듯한 내용을 지어내서 응답할 가능성 또한 높아집니다. 그럼 정확한 답변을 받을 방법이 없을까요? 아닙니다. 특정 문서(자료)를 바탕으로 응답하도록 요청하면 됩니다.

이런 기능은 챗GPT가 특정 웹사이트, 특정 자료를 근거로 응답하기 원할 때 사용할 수 있습니다. 어떻게 이게 가능할까요? 1차로는 자료 내에서 사용자의 질의에 관련된 구절을 찾고, 그 구절을 챗GPT에 넘겨서 2차로 내용을 생성하도록 하는 것입니다.●

> 🧑 **사용자**
> 📄 **PDF** 2023학년도 세종고등학교 학업성적관리규정(3.6.자-최종).PDF
> 평가계획 수립 시 서술형 또는 논술형 평가는 최소 몇 퍼센트 이상 포함해서 평가계획을 수립해야 하는지 알려 줘.
>
> 🤖 **챗GPT-4**
> 평가계획을 수립할 때 서술형 또는 논술형 평가는 한 학기 환산점 100점 중 최소 30% 이상 반영해야 합니다. 이는 한 학기에 1단위로 개설되는 과목과 수행평가 비율이 한 학기 환산점 100점 중 80% 이상인 경우에 예외를 둘 수 있습니다.

하지만 이 방법 역시 거짓말 문제로부터 완전히 자유롭지는 않습니다. 문제는 저런 응답을 받았을 때 진위여부를 판단하려면 결국 사용자가 문서를 다시 살펴봐야 한다는 점입니다. 챗PDF(https://www.chatpdf.com/) 같은 서비스들은 관련 페이지를 표시해 주고, 근거로 활용한 내용에 하이라이트 해 주는 인터페이스를 제공하기도 합니다. 하지만 중요한 일에는 검증, 또 검증이 필요함을 잊지 말아야 합니다.

● 클로바 X도 이와 비슷한 기능을 지원합니다. 클로바 X는 한컴 문서(*.HWP)도 지원하지만, 챗GPT는 워드 또는 PDF 파일만을 지원합니다. 아직까지 성능은 챗GPT가 더 좋습니다.

기억력의 한계를 고려해서 요청하기

사실 거의 모든 생성형 AI는 지독한 단기 기억상실증을 앓고 있습니다. 대화창을 열고 한참 대화를 하다 보면 앞에서 했던 얘기를 잊고 다른 얘기를 하거든요. 앞서 말씀드렸듯, 우리가 보기에는 채팅 형식이지만, 사실 챗GPT 같은 생성형 AI는 매번 대화 전체 내용을 입력값으로 받아 이어질 내용을 추론하도록 요구받는데요, 현재로서는 생성형 AI가 한 번에 고려할 수 있는 '문맥'의 크기(컨텍스트 윈도우, context window)에 기술적인 한계가 있습니다.

그러므로 선생님께서는 수업을 준비하실 때 미리 수업 내용을 시뮬레이션해 보고 학생들이 해야 하는 과제가 AI의 기억력을 초과하여 잘못된 답변을 생성하는지 확인하거나, 학생들에게 AI의 한계를 사전에 안내해 주어야 합니다.

하지만 발전이 전혀 없는 것은 아닙니다. 최근 Google이 제미나이 프로 1.5 버전을 제미나이 어드밴스드(유료 버전)에서 제공하기 시작했는데, 기존 모델들에 비해 한 번에 고려할 수 있는 문맥의 범위가 월등하게 높거든요. 영어를 기준으로 대략 70만 단어 정도의 컨텍스트 윈도우를 가지고 있는데 그 정도면, 『구약 성경』(60만), 『레미제라블』(53만), 『반지의 제왕』(48만)을 한 번에 넣어도 될 정도니까요.

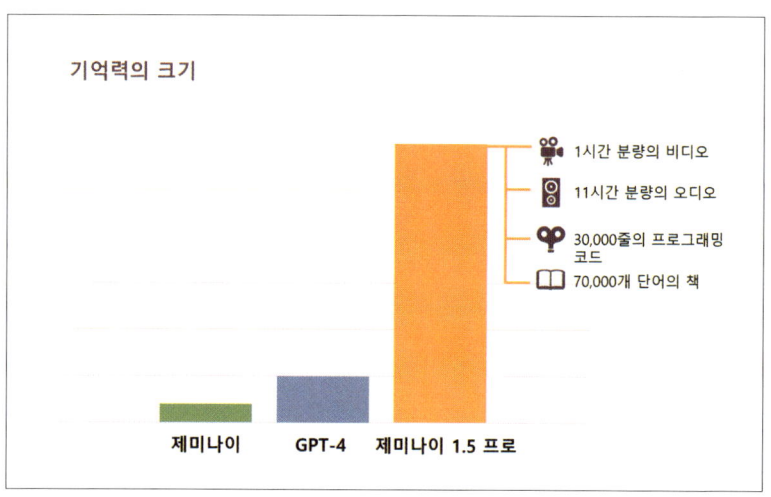

2장
프롬프트, 제대로 써야 제대로 작동한다

어떤 프롬프트를 사용하느냐에 따라 AI 활용 수준이 크게 달라집니다.
구체성, 길이, 표현, 사용 기호에 따라 결과는 천차만별입니다.
프롬프트, 과연 어떻게 작성해야 할까요?

01
프롬프트란 무엇일까?

프롬프트prompt는 우리말로 '명령어', '지시어'라고도 할 수 있습니다. 생성형 AI로 그림을 그릴 때 쓰기 좋은, 간단한 프롬프트 예시를 들어 보겠습니다.

코파일럿에서 '빵과 계란을 들고 있는 남자의 모습'을 그려 달라고 했습니다. 코파일럿은 곧바로 [빵과 계란]을 들고 있는 남자를 그려 주었습니다(다음 면 참고). 그런데 말입니다. 제가 원하던 그림이 아니었습니다. 괴짜 같다고 생각하시겠지만, 저는 두 그림 중 오른쪽 그림을 원했거든요.

오른쪽 그림과 왼쪽 그림의 차이를 이해하셨나요? 하나는 [빵과 계란] 모두를 양손 가득 들고 있는 남자이고, 다른 하나는 [빵]과 그 빵을 놀란 듯이 쳐다보는 [계란을 들고 있는 남자]입니다. 둘 다 '빵과 계란을 들고 있는 남자'라고 쓸 수 있겠네요. 아마 오른쪽 그림을 상상하셨던 분은 거

생성된 이미지		
의도	[빵과 계란]을 들고 있는 남자	[빵]과 [계란을 들고 있는 남자]
사용한 프롬프트	빵과 계란을 들고 있는 남자의 모습을 그려 줘	?

의 없을 것이기 때문에 AI 역시 마찬가지로 가장 '그럴듯한' 응답을 내놓았다고 이해할 수 있겠습니다. 아마 왼쪽 이미지가 출력될 가능성이 99%라면 오른쪽은 1% 정도가 되지 않을까 싶네요.

어떻게 프롬프트를 작성하면 오른쪽 이미지를 얻을 수 있을까요? 직접 한번 시도해 보세요. 생각보다 쉽지 않으실 겁니다. 사실 오른쪽 그림을 그려 내기까지 저도 몇 번의 시행착오를 거쳤습니다.

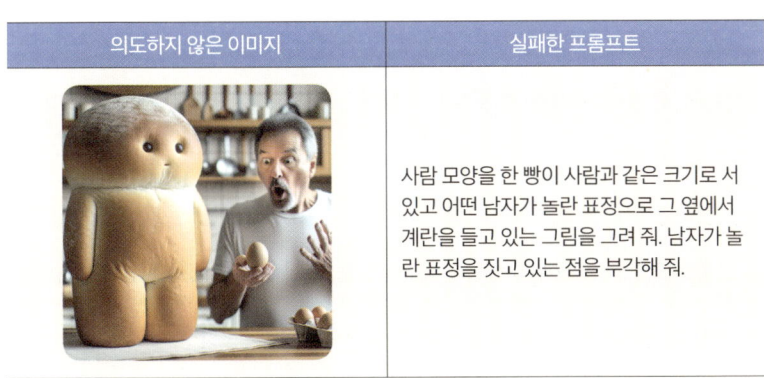

의도하지 않은 이미지	실패한 프롬프트
	사람 모양을 한 빵이 사람과 같은 크기로 서 있고 어떤 남자가 놀란 표정으로 그 옆에서 계란을 들고 있는 그림을 그려 줘. 남자가 놀란 표정을 짓고 있는 점을 부각해 줘.

원하는 그림을 그리는 데 실패한 프롬프트

앞선 이미지는 제가 시행착오 과정에서 얻은 이미지입니다. 어떻게 생각하시나요? AI 성능이 영 시원치 않다고 생각하시나요? 아니면 제 글이 좀 모호했다고 생각하시나요? 여기서 확실한 건 누군가에게는 너무 자연스러운 설명이 누군가에게는 그렇지 않을 수 있다는 점입니다. AI와의 의사소통에서도 마찬가지입니다. 성공한 프롬프트는 다음과 같습니다.

> 🧑 **사용자**
>
> 다음 설명에 따라 그림을 그려 주세요. 사람 모양의 실물 크기의 빵이 한 남자 옆에 똑바로 서 있습니다. 남자는 달걀 10개를 들고 놀란 표정으로 빵 인형을 바라보고 있습니다.

어떤가요? 같은 내용인데도 좀 더 분명하지 않나요? 아까 실패한 프롬프트는 120자였지만 위의 프롬프트는 96자이니 글자 수도 20%가 적은 셈입니다. 이렇듯, AI로부터 내가 원하는 결과를 얻기 위해서는 무엇보다도 명확한 표현을 사용하는 것이 중요합니다.

더 알아보기 프롬프트 명확하게 적는 법

가장 간단한 방법은 챗GPT에 직접 수정 제안을 요청하는 것입니다. 다음 프롬프트는 유·무료 버전에 상관없이 코파일럿, 제미나이, 챗GPT에서 모두 잘 작동합니다. 실제로 이렇게 요청하면 챗GPT가 프롬프트 수정안을 제안해 주고, 내 의도와 완전히 일치하지 않는 경우라도 필요한 부분을 골라서 사용할 수 있습니다.

추천 프롬프트

🧑 **사용자**

아래 프롬프트의 그림 설명을 좀 더 명확하게 만들고 싶어. 어떻게 수정하면 좋을지 구체적으로 제안해 줘. 수정 제안을 반영해서 새로운 프롬프트를 제안해 줘.

 AI

프롬프트의 문제점은 다음과 같습니다:

'사람 모양을 한 빵'이라는 표현이 모호합니다. 빵의 색깔, 모양, 재료 등을 구체적으로 서술해 주면 좋습니다.
'어떤 남자'라는 표현이 구체적이지 않습니다. 남자의 나이, 키, 옷차림, 헤어스타일 등을 서술해 주면 좋습니다.
'계란을 들고 있는 이유'가 명확하지 않습니다. 남자가 빵을 깨물려고 했는데 빵이 살아 있는 것을 발견해서 놀란 것인지, 아니면 빵을 계란으로 만들려고 했는데 빵이 살아 있는 것을 발견해서 놀란 것인지 등을 서술해 주면 좋습니다.
개선된 프롬프트의 예시는 다음과 같습니다:

프롬프트: 코코넛 크림으로 만들어진 하얀색의 사람 모양 빵이 사람과 같은 크기로 서 있습니다. 빵은 눈, 코, 입, 팔, 다리가 있고 웃는 표정을 짓고 있습니다. 30대 초반의 키가 크고 근육질인 남자가 파란색 티셔츠와 청바지를 입고 있습니다. 남자는 빵을 깨물려고 했는데 빵이 살아 있는 것을 발견하고 놀란 표정을 짓고 있습니다. 남자는 오른손에 깨진 계란 껍질을 들고 있고 왼손에는 노른자가 흘러내리는 계란을 들고 있습니다. 남자가 놀란 표정을 짓고 있는 것을 강조해 줍니다.

이렇게 하면 그림 설명이 더 명확하고 상세해집니다. 다른 질문이 있으시면 언제든지 말씀해 주세요. ^^

프롬프트 보완하기

 사용자

다음 사항을 반영해서 프롬프트를 다시 작성해 줘:
빵은 바게트로 만들어 주고, 남자는 마른 체형, 사람 모양을 한 빵은 근육질로 만들어 줘. 양손으로 계란이 담긴 박스를 들고 있도록 해 주고, 사람 모양을 한 빵을 발견해서 놀란 것으로 해 줘.

02

프롬프트 작성 요령:
생성형 AI의 숨겨진 힘을 끌어내는 법

결국 어떤 프롬프트를 사용해서 요청하느냐에 따라, AI의 활용 수준은 크게 달라집니다. 학생들이 직접 AI를 활용하는 경우, 수업에서 사용할 만한 프롬프트를 선생님께서 미리 준비하시는 편이 좋습니다. 그러면 학생들이 같은 요청을 하더라도 AI로부터 좀 더 좋은 결과를 받을 수 있으니까요. 여기서는 생성형 AI의 능력을 온전히 끌어내기 위한 프롬프트 작성 요령을 살펴보겠습니다.

팁 ①: 최대한 많은 정보를 주고, 구체적인 결과물을 요청하기

생성형 AI의 잠재력을 끌어내는 가장 효과적인 방법은 명확하고 구체적인 프롬프트를 작성하는 것입니다. 구체적인 프롬프트는 AI가 사용자의 의도를 정확히 파악하고 원하는 결과물을 생성하는 데 도움이 됩니다. 예를 들어서 AI에 요약하는 글을 작성해 달라고 요청해야 하는 상황에서 단지 "다음 글을 요약해 줘."라고 요청하는 방식을 넘어서, 요약문의 분량은 어느 정도로 할 것인지, 요약 수준은 어느 정도가 좋을지 등을 함께 언급하는 식입니다. 앞에서와 마찬가지로 무엇을 구체적으로 요청할지 애매하다면, 다음과 같은 프롬프트로 AI에 아이디어를 구하는 것도 좋은 방법입니다.

> **추천 프롬프트**
>
> **사용자**
> 아래 프롬프트의 지시를 좀 더 명확하게 만들고 싶어. 어떻게 수정하면 좋을지 구체적으로 제안해 줘. 수정 제안을 반영해서 새로운 프롬프트를 제안해 줘.
>
> 프롬프트: [수정하려는 프롬프트]

팁 ②: 구분 기호를 사용하여 명확하게 표현하기

요청하는 대상 글의 분량 자체가 많을 때는 요청을 먼저 적고, 요약 대상이 되는 글을 아래로 옮겨 입력합니다.

> **추천 프롬프트**
>
> **사용자**
> 다음 글을 초등학교 수준에서 3문장으로 요약해 줘.
> 글: [요약하려는 글]

요약을 부탁할 때는 요약할 글의 내용을 구분 기호가 될 만한 섹션 제목('글:')을 사용하거나 요약하고자 하는 글 앞뒤로 큰따옴표(" "), XML 태그(⟨text⟩⟨/text⟩) 등을 활용해서 AI에 분명하게 안내해 주는 것이 좋습니다. 예시에서는 섹션 제목을 활용했습니다. 문단을 구분할 때도 문단 앞과 뒤에 ⟨문단1⟩, ⟨/문단1⟩ ⟨문단2⟩, ⟨/문단2⟩ … 등의 표시를 붙여 주는 것만으로 문단별 요약이 잘 작동합니다. 이러한 입력 방식은 아래의 상황처럼 AI가 여러 입력값을 동시에 고려해야 할 때 특히 유용합니다.

추천 프롬프트

 사용자
다음 요약문은 초등학생이 작성한 글이야. 전체 글의 내용을 고려해서 학생의 글을 평가해 주고 친절하게 피드백을 부탁해.
요약 글: [학생이 쓴 요약문]
전체 글: [요약하려는 글]

팁 ③: 표현을 조금씩 바꿔서 반복적으로 시도해 보기

그럼 이제 요약하기를 부탁해 보겠습니다. 그런데 말입니다?

사용자
다음 글을 초등학교 수준에서 3문장으로 요약해 줘.
글: [요약하려는 글]

> 🤖 **AI**
> 독서는 글을 읽고 의미를 이해하는 것만이 아니라, 목표를 달성하기 위해 능동적으로 생각하는 활동이야. 성공적인 독서를 위해서는 자신의 독서 과정을 점검하고 조절하는 '초인지' 능력이 중요해.
> 독서하면서 이해가 잘 안 되거나 목표에 맞지 않다고 느껴지면, 잠깐 멈추고 지금까지 읽은 내용을 정리해 봐. 왜 이해가 안 되는지, 어떤 부분을 개선해야 할지 생각해 봐. 그리고 ….

하지만 이렇게 요청하면 요약된 결과가 세 문장보다 훨씬 더 길게 나온다는 문제가 있습니다. 그래서 '3문장'을 '세 문장'으로 바꾸어 보았습니다.

> 👤 **사용자**
> 다음 글을 초등학교 수준에서 세 문장으로 요약해 줘.
> 글: [요약하려는 글]
>
> 🤖 **AI**
> 독서는 목표를 달성하기 위해 글을 읽고 이해하는 과정이야.
> 성공적인 독서를 위해서는 독자가 자신의 독서 과정을 잘 알고 조절하는 "초인지"가 중요해.
> 독서 중간중간에 내용을 정리하고, 목표에 맞는 전략을 선택하여 능동적으로 의미를 구성해야 해.

성공입니다! 이렇듯 단어 하나, 토씨 하나로 결과가 달라지기 때문에 결과가 마음에 들지 않는다면 반복적으로 프롬프트를 수정해야 합니다. '3문장'을 '세 문장'으로 바꾼 특별한 이유가 있냐고요? 여기에 정답은 없습니다. 직관적으로 저는 '세 문장'으로 바꾸는 편이 더 명확할 것 같았습니다. 설명하자면, '3문장'은 '세 문장'이라고 할 때도 쓰이지만 문장 앞에 1, 2, 3 … 번호가 붙어 있다면, 숫자 3으로 시작하는 문장도 '3문장'이 될 수도 있으니까요. 맥락상으로는 분명하지만 어쩌면 '세 문장'이 더 좋을 것 같았습니다.

따라서 잘 작동하는 프롬프트를 찾기 위해서는 약간의 언어적인 감각과 반복적인 실험이 필요합니다. 이 일을 '프롬프트 엔지니어링prompt engineering'이라고 부르고, 전문적으로 이 일을 하는 사람들을 '프롬프트 엔지니어'라고 부릅니다. 물론 더 좋은 성능의 AI를 쓸수록, 찰떡같이 알아듣는 경우가 많습니다만, 그럼에도 어떤 프롬프트를 썼느냐에 따라 체감되는 성능 차이는 분명히 존재합니다.

> **더 알아보기**   여전히 제대로 된 결과물이 나오지 않는다면?

앞선 경우와는 다르게 계속 부족한 결과물이 나온다면, 애초에 내가 사용한 프롬프트가 모호하지 않은지 점검해 볼 필요가 있습니다. 간단한 방법 중 하나는 구글 번역기(https://translate.google.com/)를 활용하는 것입니다.

한글 프롬프트를 영어로 번역해 본다

구글 번역기에 접속해서 한글 프롬프트를 영어로 바꾸어 보면, 나의 프롬프트가 [빵]과 [계란을 들고 있는 남자]를 그리는 건지, 혹은 [빵과 계란]을 들고 있는 남자를 그리는 건지 분명해집니다.

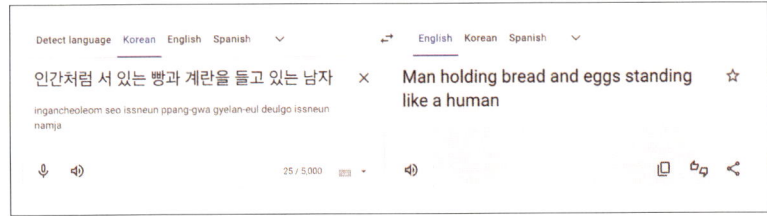

다시 영어를 한국어로 바꾸어 본다

만약 영어 해석이 어렵다고 하면, [⇄] 버튼을 눌러서 영어와 한국어의 위치를 바꾼 다음 다시 영어를 한국어로 바꾸어 봅니다. 이때 변화가 없으면 영어 문장 마지막에 마침표를 추가합니다. 이제 분명해졌네요!

팁 ④ : 단계 나누어 요청하기

여기까지 제대로 이해하셨다면, 다음 두 프롬프트의 결과가 질적으로 전혀 다를 것이라고 짐작할 수 있습니다.

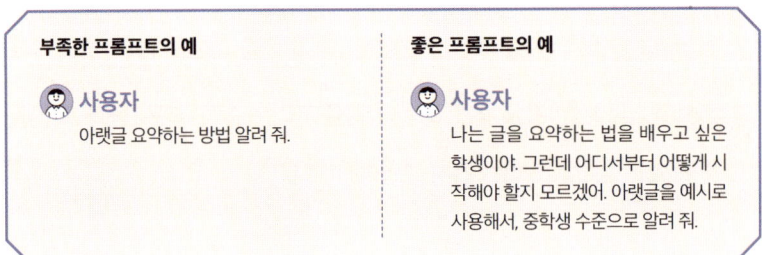

만약에 요약하기 방법을 한 번에 다 알려 주지 않고, 학생들과 상호작용하면서 단계별로 알려 주도록 하려면 어떻게 해야 할까요? 간단하면서도 확실한 방법은 각 단계 앞에 1, 2, 3 … 등의 번호를 적어 단계별로 요청하는 것입니다.

> **사용자**
>
> 아래 요약하기 전략의 순서에 따라 내가 요약하기를 배울 수 있도록 도와줘. 주어진 글을 예시로 사용해서, 중학생 수준에 맞추어서 알려 줘. 모든 단계를 한 번에 알려 주지 말고, 나와 상호작용하면서 한 단계씩 가르쳐 줘.
>
> 요약하기 전략의 순서:
> 1) 글에서 중요한 단어를 뽑기
> 2) 뽑은 단어들을 바탕으로 문단 별 핵심 문장 작성하기
> 3) 중복되거나 불필요한 내용 제거하기
> 4) 한편의 글로 작성하기
>
> 글: [요약하려는 글]
>
> 먼저 1단계부터 시작해 보자.

특별히 마지막 문장인 "먼저 1단계부터 시작해 보자."는 이러한 프롬프트에서 AI가 어떻게 글을 이어 나가야 하는지에 대한 단서를 제공합니다. 말씀드렸듯, 프롬프트가 길어질수록 AI가 앞선 요청을 잊고 엉뚱한 응답을 할 때가 있는데, 일종의 넛지^{nudge}를 위한 장치라고 할 수 있지요. 이상의 요청에 대한 제미나이의 응답은 다음과 같습니다.●

● 만약 한 번에 한 개의 질문만 하도록 요청하려면 프롬프트를 어떻게 바꾸면 좋을까요? "한 번에 한 개의 질문만 하고, 나도 한 개의 질문에만 응답할 수 있도록 해 줘."라고 요청하면 되겠죠.

🤖 **제미나이**

1단계: 글에서 중요한 단어 뽑기

1단계에서는 글의 핵심 내용을 파악하기 위해 중요한 단어를 뽑아야 해. 마치 보물찾기처럼, 글 속에 숨겨진 중요한 단어들을 찾아내는 거야! 어떤 단어들이 중요한 단어일까? 단서를 찾아보자!

문장의 핵심을 담은 단어: 각 문장에서 가장 중요한 의미를 나타내는 단어는 무엇일까?

반복적으로 등장하는 단어: 글에서 자주 등장하는 단어는 중요한 내용과 관련이 있을 가능성이 높아.

주장이나 논리를 뒷받침하는 단어: 글의 주요 주장이나 논리를 뒷받침하는 근거가 되는 단어는 무엇일까?

예시:

윗글에서 "소통", "독자", "책", "즐거움"과 같은 단어들은 자주 등장하면서 글의 핵심 내용과 관련되어 있기 때문에 중요한 단어로 볼 수 있어. 다른 중요한 단어들을 찾아볼 수 있을까?

윗글에서 "소통"이라는 단어는 몇 번 등장하나요? 어떤 의미로 사용되나요?

"독자"는 누구를 의미할까요? 독자는 책과 어떤 관계에 있나요?

"책"은 단순히 글이 적힌 종이일 뿐일까요? 책은 독자에게 어떤 영향을 미칠까요?

"즐거움"은 어떤 종류의 즐거움을 의미할까요? 독서는 어떻게 즐거움을 선사하나요?

더 많은 단어를 찾아낼수록 글의 핵심 내용을 더 잘 이해할 수 있을 거야!

다음 단계에서는 뽑아낸 중요한 단어들을 바탕으로 문단별 핵심 문장을 작성해 볼게. 같이 해 보자!

팁 ⑤ : 한국어 대신 영어로 요청하기

상당히 효과적인 방법 중 하나는 같은 프롬프트라도 한국어 대신 영어로 입력하는 것입니다. 챗GPT-3.5를 기준으로 다음 두 내용을 비교해 보면, 영어로 소통할 때 핵심어를 더 쉽게 찾았습니다.•

한국어	영어
사용자 나는 글에서 핵심 키워드를 판단하기 어려워하는 고등학생이야. 능숙한 독자가 글의 키워드를 어떤 과정을 거쳐 선정하는지를 알고 싶어. 최종적으로 문단별로 가장 중요한 키워드 세 개를 선정하고, 그러한 판단에 이르기까지의 사고 과정에 대해 사고구술 해 줘. 글: [글 내용]	사용자 I am a high school student who has difficulty determining the key words in a text. I would like to know how a good reader goes about selecting key words for a text. In the end, I would like you to select three key words for each paragraph and describe the thought process that led you to that decision. Text: [Text]

영어로 프롬프트를 작성하면 훨씬 쉽게 핵심어를 찾을 수 있다.

실제로 다음 그래프에서도 확인할 수 있듯이, 챗GPT의 성능은 언어마다 상당한 차이가 있습니다. 챗GPT-4를 기준으로 한국어의 성능은 영어에 비해 8%p가량 낮게 나타납니다. 물론 이마저도 챗GPT-3.5보다는 월등히 나은 결과입니다. 챗GPT-3.5와 챗GPT-4 모두 공통적으로 영어 프롬프트가 더 나은 결과를 보여 줍니다.

• 같은 한국어 답변을 얻고자 하더라도, 영어 프롬프트를 사용하여 한국어로 답변(영어 → 한국어)하도록 요청하는 것이 답변 생성 속도도 빠르고 대체로 좋은 결과를 얻을 가능성이 높습니다.

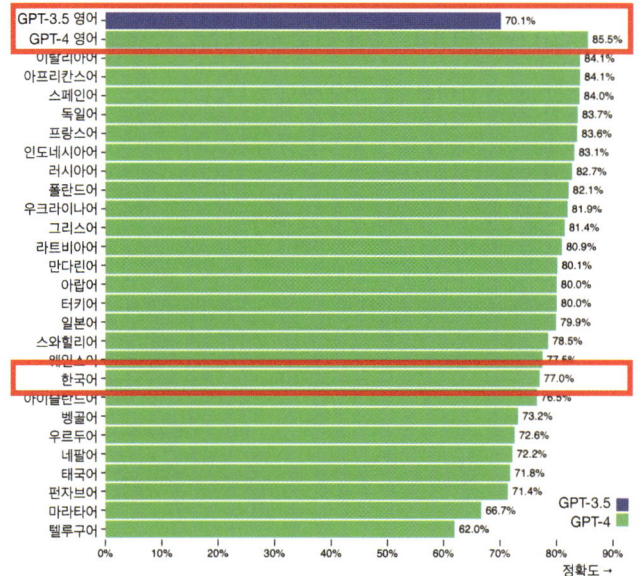

OpenAI 챗GPT-4 기술 보고서(8p, 그림5를 번역).

 크롬 브라우저를 활용할 경우에, 한국어로 입력한 프롬프트를 자동으로 영어로 바꿔 주고, 다시 그 결과를 한국어로 바꿔 주는 확장 프로그램을 사용할 수 있습니다. 프로그램 설치 및 사용 방법은 222~223쪽에 자세히 나와 있습니다.

03
프롬프트 작성 시 유의 사항

프롬프트를 잘 쓰면 되는 일 vs. 잘 써도 안 되는 일

생성형 AI 자체의 성능 한계로 프롬프트를 쓰기 어려운 영역이 있습니다. 특정한 기능의 경우, 프롬프트를 잘 쓰는 것만으로 구현하기 어렵다는 점을 이해하셔야 합니다. 대표적으로 OpenAI에서는 챗GPT가 문장을 생성할 때 글자 수를 잘 맞추지 못한다고 말합니다.

 "출력 길이는 단어, 문장, 단락, 글머리 기호 등의 개수로 지정할 수 있습니다. 그러나 모델에 **특정 개수의 글자를 생성하도록 지시하면 높은 정확도로 작동하지 않는다는 점에 유의하세요**. 모델은 특정 수의 단락 또는 글머리 기호로 출력을 더 안정적으로 생성할 수 있습니다."•

• OpenAI 챗GPT 공식 문서(https://platform.openai.com/docs/guides/prompt-engineering/strategy-write-clear-instructions)

다음 프롬프트를 사용하여 문장을 생성해 보았습니다.

한국어	영어
사용자	사용자
다음 단계별 지침에 따라 사용자 입력에 응답합니다.	Use these step-by-step instructions to respond to user input.
1단계 - 사용자가 큰따옴표로 묶인 텍스트를 제공합니다. 이 텍스트를 "요약:"이라는 접두어를 사용하여 약 300자로 요약합니다.	Step 1 - The user provides text enclosed in double quotes. Summarize this text to approximately 300 characters using the prefix "Summary:".
2단계 - 텍스트를 생성하고, 생성한 텍스트 끝에 공백을 포함한 글자 수를 (괄호) 안에 써넣으세요. 예) 행복합니다(5), 나는 정말 행복합니다(11)	Step 2 - Generate the text and write the number of characters, including spaces, in (parentheses) at the end of the text you generated. ex) 행복합니다(5), 나는 정말 행복합니다(11)
글: [요약하려는 글]	Text: [Text to summarize]

결과는 다음과 같았습니다.

 AI

Summary: 독서는 독자가 목표한 결과에 도달하기 위해 글을 읽고 의미를 구성하는 인지 행위이다. 초인지는 독자의 독서 행위를 점검하고 조정하여 성공적인 독서를 돕는다. 독서 중 발생하는 문제를 파악하고 해결하기 위해 동원되며, 적절한 독서 전략을 선택하고 활용한다. (300)●

● 실제 글자 수는 142자다.

이처럼 프롬프트를 아무리 훌륭하게 작성한다고 하더라도 챗GPT가 실제 글자 수를 정확히 세는 것은 거의 불가능합니다. 검색 결과나 다른 도구를 사용하지 않는다는 전제하에 챗GPT-4는 역사적 사실 검증이나 연산에는 취약합니다. 다음 그래프와 같이 현재로서는 챗GPT-3.5와 챗GPT-4 모두 고급 수리 과목과 고급 언어 능력, 역사 지식을 요구하는 과목에서 상대적으로 낮은 성적을 보였습니다.

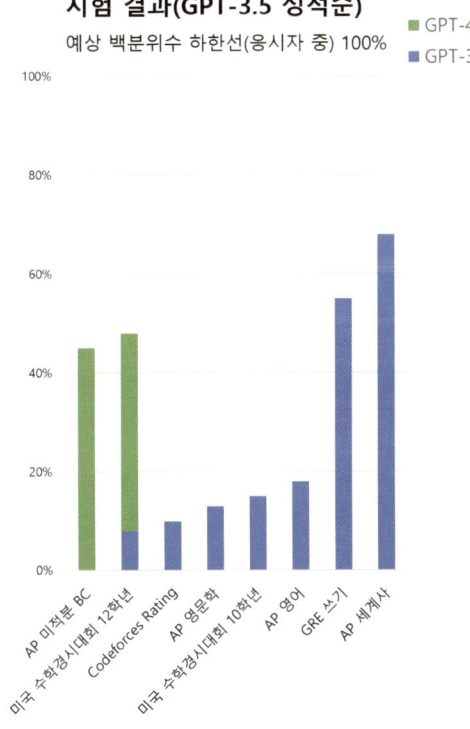

OpenAI 챗GPT-4 기술 보고서(6p, 그림4를 번역, 재구성).

> **더 알아보기** 챗GPT로 글자 수를 정확하게 세기란 불가능할까?

여기까지가 챗GPT의 한계처럼 보이지만 그렇지 않습니다. 단순히 프롬프트를 잘 쓰는 것만으로는 충분하지 않다는 것뿐입니다. 아래 코드를 챗GPT-4에서 실행하면 성공적인 결과물을 얻을 수 있습니다. 인간이 도구를 사용하는 것처럼, 챗GPT도 도구를 사용하도록 요청하면 됩니다.

한국어

 사용자
문제를 단계별로 풀면서 정답을 확인해 보겠습니다.
1단계 - 사용자가 큰따옴표로 묶인 텍스트를 입력합니다. 이 텍스트를 접두어 "요약:"을 사용하여 한글로 약 300자로 요약합니다.
2단계 - 요약문의 글자 수를 계산하는 파이썬 코드를 작성합니다.
3단계 - 글자 수가 300자 미만이면 요약문이 300자가 될 때까지 1단계를 반복합니다.
예) 나는 행복하다(5), 나는 정말 행복하다(11)

영어

 사용자
Let's solve the problem step-by-step to see if you're correct.
Step 1 - The user enters the text enclosed in double quotes. Summarize this text to about 300 characters in Korean using the prefix "Summary:".
Step 2 - Write python code to calculate the number of characters in the summary.
Step 3 - If the character count is less than 300 characters, repeat step 1 until the summary is 300 characters.

영어 프롬프트를 사용하는 경우, 일관되게 양질의 결과가 나온다.

두 번째 단계에서 탑재된 파이썬 도구를 실행하여 실제 글자 수를 계산하도록 요청했습니다. 결과는 다음과 같습니다.

AI

Step 1 - Summary in Korean:
요약: 독서는 인지 행위로, 초인지의 중요성을 강조한다. 초인지는 독자가 자신의 독서 과정을 인지하고 조정하는 역할을 하며, 문제 발생 시 해결 방안을 모색하고 적절한 독서 전략을 선택하는 데 중요하다. 독서 전략은 효과적인 의미 구성과 목표 달성을 위해 계속 점검되고 조정되어야 한다. 초인지를 통해 독자는 자신의 이해도를 판단하고, 문제를 인식하며, 최적의 전략을 선택하여 능동적으로 의미를 구성해 나간다.

Step 2 - Let's calculate the number of characters in the summary.

분석 완료
The character count of the summary is 229 characters, which is less than the required 300 characters. Let's repeat the process to extend the summary.

Extended Summary in Korean:
요약: 독서는 복잡한 인지 활동이며, 성공적인 독서 경험을 위해서는 초인지의 역할이 매우 중요하다. 초인지는 독자가 자신의 읽기 과정을 모니터링하고 필요에 따라 조정하는 과정을 포함한다. 이는 적절한 독서 전략의 선택, 문제점의 인식 및 해결, 의미 구성의 효율화 등을 돕는다. 독자는 자신이 이해한 내용을 주기적으로 검토하고, 문제가 발생하면 새로운 전략을 모색하며, 이러한 전략들을 실제 독서 활동에 적용하여 자신의 이해도를 높이고 목표에 도달할 수 있다. 초인지를 활성화시키는 것은 독서 능력을 향상시키고, 더 깊은 학습을 가능하게 하는 핵심 요소이다.

Let's calculate the updated character count.
The updated character count of the extended summary is 312 characters, which meets the requirement of being approximately 300 characters.

프롬프트 길이를 확인하자

1장에서 말씀드렸듯, 현재 챗GPT를 비롯한 대부분의 텍스트 생성형 AI는 한 번에 글을 읽고 기억하는 데 한계가 존재합니다. 그러니까 아주 긴 텍스트의 요약을 부탁한다거나, 챗GPT가 생성해야 하는 텍스트가 아주 길어진다면, 부정확한 정보를 생성할 가능성이 커집니다.

현재 GPT-4의 경우 128,000토큰(token), 챗GPT-3.5의 경우 16,385토큰이 넘어가는 요청을 처리하지 못합니다.• 즉 채팅창의 전체 내용이 해당 토큰 범위를 넘어가면 제대로 응답하지 못할 가능성이 있습니다. 이럴 때는 미리 선생님께서 수업 시나리오에 따라 얼마나 긴 요청이나 대화가 오가야 하는지를 확인해 보고 토큰 계산기(https://platform.openai.com/tokenizer)를 활용해서 무리한 과제를 요청하는 것은 아닌지 점검해 봐야 합니다.

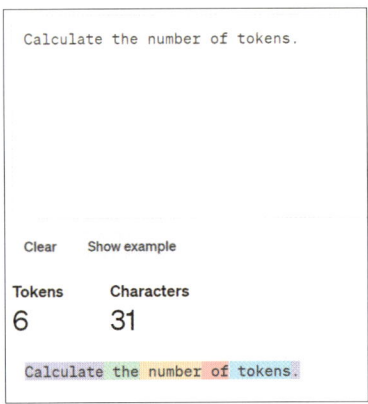 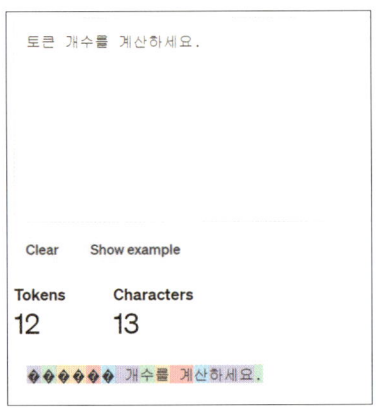

• 토큰(token)은 언어 모델만의 글자를 세는 방식입니다. 토큰 한계를 넘어가지 않더라도 일반적으로 입력 텍스트가 길어질수록 잘못된 응답을 내놓을 가능성이 높아집니다.

그림에서는 같은 내용을 영어와 한국어로 요청했을 때 토큰 수가 어떻게 다른지를 확인할 수 있습니다. 같은 내용이라도 영어로 요청했을 때 토큰 수가 훨씬 더 적게 사용된다는 말은, 제한 범위 내에서 최대로 요청한다고 할 때 영어로 프롬프트를 작성하면 더 많은 요청을 할 수 있다는 의미이기도 합니다. 물론 챗GPT의 경우 토큰 수의 제한 범위에 근접할수록 성능이 떨어지게 되니, 실제로 챗GPT가 내놓는 응답의 질이 어떤지도 함께 확인해야 한다는 점을 꼭 기억하세요.

한 번에 잘 작동하는지 확인하자

대화 전체가 AI의 입력값으로 사용되기 때문에, 채팅창의 대화 전반부 내용이 후반부의 응답에 영향을 미칩니다. 즉 여러 번 대화를 주고받아 마침내 원하는 결과를 얻었더라도, 대화 내용의 일부가 달라지면 결과가 달라질 수 있습니다. 따라서 프롬프트의 안정성과 재현성을 확인하려면 반드시 다양한 대화 흐름에서 프롬프트를 시험해 봐야 합니다.

일관된 결과를 생성하는지 확인하자

학생들이 수업에 해당 프롬프트를 사용해도 일관된 결과를 얻을 수 있는지 확인해야 합니다. 즉 새 대화창을 여러 번 열어 프롬프트를 입력해 봐야 합니다. 왜 이런 검사가 필요할까요? 대부분의 AI가 일관된 응답보다는 창의적인 응답을 내놓도록 설정되어 있기 때문입니다.

이전에 살펴본 "다음 글을 초등학교 수준에서 세 문장으로 요약해 줘."라는 프롬프트도 여러 번 시도할 때 세 문장이 아닌 엉뚱한 결과가 나오는 것을 확인할 수 있습니다.

> **시도1**
>
> 🧑 **사용자**
> 다음 글을 초등학교 수준에서 세 문장으로 요약해 줘.
> …
>
> 🤖 **AI**
> 독서는 글을 읽고 의미를 이해하는 것만이 아니라, 목표를 달성하기 위해 능동적으로 생각하는 활동이야. 성공적인 독서를 위해서는 자신의 독서 과정을 점검하고 조절하는 '초인지' 능력이 중요해.
>
> 독서를 하면서 이해가 잘 안 되거나 목표에 맞지 않다고 느껴지면, 잠깐 멈추고 지금까지 읽은 내용을 정리해 봐. 왜 이해가 안 되는지, 어떤 부분을 개선해야 할지 생각해 봐. 그리고 …

> **시도 2**
>
> 🧑 **사용자**
> 다음 글을 초등학교 수준에서 세 문장으로 요약해 줘.
> …
>
> 🤖 **AI**
> 초등학교 수준 독서 요약 (세 문장)
>
> 1. 독서 성공 비결!: 책을 잘 읽기 위해서는 '초인지'라는 능력이 중요해. '초인지'는 독서하면서 내가 잘 읽고 있는지, 이해하고 있는지 스스로 확인하는 능력이야.
>
> 2. 문제 찾기!: '초인지'를 활용하면 독서 중에 헷갈리는 부분이나 이해가 안 되는 부분을 찾을 수 있어.
>
> 3. 전략 변경!: '초인지'를 통해 문제를 찾으면, 더 효과적으로 책을 읽을 수 있는 새로운 전략을 선택할 수 있지.

결국 성공한 프롬프트는 아래와 같습니다. 이처럼 단지 설명만으로는 AI가 이해하기 어려울 수 있다고 느껴진다면, 프롬프트에 예시를 추가하는 것이 효과적입니다.

> **추천 프롬프트**
>
> 🧑 **사용자**
> 다음 글을 초등학교 수준에서 3개의 문장으로 요약해 줘. 요약하는 문장을 한 문장씩 쓸 때마다 문장 마지막에 지금까지 쓴 전체 문장 개수를 (괄호) 안에 적어 줘.
> 예) 나는 행복합니다(1) 왜냐하면 나는 행복하기 때문입니다(2)
> …

> **더 알아보기** 동일한 프롬프트로 얻을 수 있는 다양한 결과

제미나이의 경우, 결과가 일관되게 나오는지 다음 그림에서 확인할 수 있습니다.

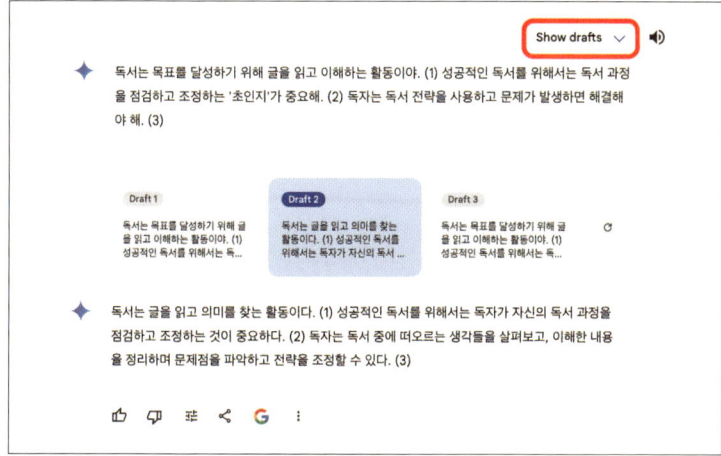

[초안 표시(Show drafts)]를 클릭하면 제미나이가 여러 버전으로 정리한 내용을 볼 수 있다.

일러두기

· 특별한 언급이 없는 한 '챗GPT'로 표기한 경우는 무료 버전인 '챗GPT-3.5'를 의미한다. 단, 2부 1장과 2부 9장은 '챗GPT-4'를 사용한 사례가 일부 포함되어 있으며, 해당 내용을 본문에 명시하였다.

2부

AI와 함께 수업하기
통계자료 해석부터 창작 활동까지

1장 | 통계

AI와 떠나는 통계 모험
챗GPT와 함께하는 상관관계 분석과 데이터 생성

_최태준

- **대상**　고등학생
- **과목**　수학과제 탐구, 사회문제 탐구, 융합과학 탐구, 사회과제 연구, 과학과제 연구
- **주제**　확률과 통계, 데이터 분석
- **사용 AI**　챗GPT

어떤 목표를 달성할 수 있을까?

수업 목표
사례 조사를 통해 얻은 데이터를 탐구 주제에 맞게 시각 자료로 표현하고, 이를 해석할 수 있다.

성취 기준

2015 개정 교육과정

- [12수과-02-04] 탐구 결과를 정리하여 산출물을 만들고 발표할 수 있다.

- [12사탐-06-02] 선정한 사회문제를 해결하기 위한 탐구 계획을 수립하고, 다양한 자료 수집 방법을 활용하여 선정한 사회문제의 현황을 분석한다.

- [12과연-01-09] 획득한 자료를 표, 그래프 등으로 변환할 수 있다.

- [12과연-01-10] 자료를 해석하여 연구에서 던진 질문 또는 가설에 대한 해답을 찾으며, 이 때 필요하면 문헌 조사를 병행하고 추가적인 관찰 또는 실험 등을 수행할 수 있다.

- [12융탐-01-09] 융합과학 탐구의 수행 과정 중에 얻을 수 있는 자료를 이용하여 연구에서 던진 질문 또는 검증하기 위해 설정된 가설 혹은 문제 제기에 대한 확정적 언급인 결론을 도출하거나, 문제 해결 방법을 제안할 수 있다.

- [12사과-03-01] 연구 계획서를 토대로 개인별 혹은 소집단별로 관련 자료를 수집 및 분석하여 연구를 수행할 수 있다.

2022 개정 교육과정

- [12수과-03-03] 탐구 결과를 정리하여 산출물을 만들고 발표할 수 있다.

- [12사탐-04-03] 수집한 자료에 대한 분석과 해석을 토대로 사회문제에 대한 해결 방안을 제시한다.

- [12과연-02-04] 과학 연구를 수행하여 자료를 수집하고 표, 그래프 등으로 변환할 수 있다.

- [12융탐-02-04] 융합적 탐구 과정을 통해 얻은 데이터를 탐구 목적이나 맥락에 맞게 시각 자료로 표현할 수 있다.

생활기록부 키워드
산점도, 변수, 상관관계, 그래프, 사례 조사, 탐구보고서, 탐구 포스터, 추론 능력, 의사소통 능력, 정보처리 능력, 발표, 논리적 사고력

어떤 수업을 할 수 있을까?

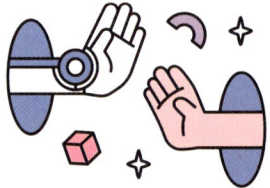

 주제를 정하여 탐구하고, 보고서까지 작성하는 수업에서 있었던 일입니다. 보고서를 작성하려면 수집한 사례를 통계적으로 처리해서 해석해야 하는 상황이었습니다. 대부분의 학생은 두 변인 사이의 상관관계를 궁금해했습니다. 하지만 아쉽게도 모든 학생이 아직 〈확률과 통계〉에서 통계를 배우지 않았을 뿐 아니라, 상관관계는 〈확률과 통계〉에 나오지도 않는 개념이었습니다. 저는 상관관계의 개념이나 통계 프로그램을 잘 모르더라도 단순히 자료를 해석할 수 있게 도와줄 누군가가 있으면 좋겠다고 생각했습니다.

 이때 코드도 잘 짜고, 데이터 분석도 잘하는 챗GPT를 발견했고, 학생들의 통계 분석을 돕는 조력자로 적합하다고 판단했습니다. 탐구보고서를 작성하는 모든 교과 교사분께 AI 비서를 소개합니다. 본문은 챗GPT-4를 기준으로 작성됐음을 참고 부탁드립니다.

단계	교수학습 내용
도입	1) 학습 요소 및 학습 목표 안내하기
전개	2) 수집한 자료 발표하고 피드백하기 　- 각자 수집한 자료를 요약해서 발표 　- 자료 정리 방법을 아는 학생의 경우 정리 계획까지 발표하고 피드백 　- 자료 정리 방법을 모르는 학생의 경우 모든 발표가 마무리된 후 정리 방법 설명 　- 개별 발표 및 활동, 모둠별로 모여 있더라도 활동은 개별로 진행 3) 자료 정리하고 시각화하기 　- 활동지를 나눠 주고, 본문의 산점도, 회귀선, 상관계수 개념 설명 　- 자료를 스프레드시트로 정리 　- 통계 프로그램 또는 챗GPT-4의 Data Analyst로 자료 시각화 4) 탐구보고서 작성하기
정리	5) PMI 소감 발표, 개별 과제 안내하기 　- 개별 과제 참고 도서: 『숫자는 거짓말을 한다』(웅진지식하우스, 2020)

▶ 수업 전 준비(교육) 사항

- 챗GPT를 사용하기 위해서는 이메일(또는 Google, Microsoft, Apple 계정)이 필요합니다. 13세 이상 18세 미만이면 부모 또는 보호자의 동의를 받아야 합니다.
- 챗GPT의 답변을 검증하는 과정은 절대로 생략하면 안 됩니다. 수업 상황에 따라 복습이나 소감 작성, 과제 제시 등은 조정이 가능하지만, 챗GPT의 답변을 검증하는 과정은 오개념을 예방하기 위해 반드시 필요합니다.
- 데이터 분석을 하려면 챗GPT-4 이상의 구독이 필요합니다. 1개의 유료 계정으로 3시간 동안 최대 40건의 데이터 분석이 가능합니다. 만약 학교에서 외화 결제가 어려운 경우 구매 대행을 추천합니다.

▶ **교수학습 내용**

1) 학습 요소 및 학습 목표 안내하기

본 활동은 탐구 활동 중간에 자료를 정리하고 시각화하는 단계로 사전에 자료 수집이 완료된 상태여야 합니다. 본시 학습 목표 및 학습 절차를 안내하고, 학생들이 수업 중에도 진행 단계를 확인할 수 있도록 적절히 게시합니다. 다음으로 학생들의 개별 전자기기를 확인합니다. 만약 전자기기가 부족하다면 활동을 정상적으로 할 수 없으므로 반드시 여분의 전자기기를 준비해 주세요.

기초 데이터가 없으면 수업의 모든 활동에 참여할 수가 없습니다. 만약 학생이 조사를 못 했거나, 조사한 자료를 준비하지 못했다면 챗GPT를 이용해 가상의 자료를 만들 수 있습니다. 생성형 AI가 없던 시절과 달리, 이제는 개별화가 가능합니다. 수업을 시작하면 바로 자료 준비가 되었는지부터 확인하시고, 준비가 안 된 학생은 다른 친구들이 발표하는 동안 가상 데이터를 만들도록 지도해 주세요. 이때 가상 데이터 자체를 탐구 결과로 제출하지 않도록 **연구윤리**를 반드시 강조해 주세요. 〈수학과제 탐구〉 수업 사례를 예시로 들겠습니다.

추천 프롬프트

🧑 **사용자**

데이터셋 생성 요청:

1. **등교 거리**
 - 각 학생의 등교 거리는 0.1km에서 10km 사이의 임의의 양의 실수로, 소수점 둘째 자리까지 지정됩니다.

- 평균 등교 거리는 5km입니다.
- 디리클레 분포를 사용하여 데이터를 생성하고, 총합이 5,000km가 되도록 조정합니다.
2. **지각 횟수**
- 0에서 400 사이의 정수 중에서 임의의 서로 다른 두 수를 선택한 후, 더 큰 수를 지각 횟수가 0회인 학생 수로, 더 작은 수를 지각 횟수가 1회인 학생 수로 할당합니다.
- 나머지 학생들의 지각 횟수는 0에서 190 사이의 정수로 할당합니다.
- 지각 횟수의 총합이 10,000회가 되도록 나머지 데이터를 생성합니다.
3. **데이터 건수**
- 총 1,000명의 데이터를 생성합니다.
4. **데이터 생성 후 처리**
- 생성된 데이터를 엑셀 파일로 변환하고 내려받을 수 있는 링크를 제공합니다.

    이처럼 프롬프트를 입력하면 생성한 자료를 내려받을 수 있는 링크가 가장 마지막에 출력될 것입니다. 조건이 많아, 모든 조건을 만족하지 못할 수도 있습니다. 특히 합계를 정확히 맞추는 부분에서 오류가 잦습니다. 수업 상황에 맞게 조건을 줄여도 됩니다. 물론 사람이 직접 수정하는 경우, 내려받아서 값 1개만 조정해도 합을 맞출 수 있지만, 챗GPT는 매우 어려워합니다. 또한 등교 거리와 지각 횟수 두 변수 모두 평균을 정확히 맞추도록 입력하면 더욱 오류가 잦습니다. 이 경우 두 번의 명령으로 각 변수의 자료를 생성하시고, 세 번째 명령으로 앞선 2개의 자료를 열 필드 값으로 갖도록 자료를 합쳐 달라고 입력하시면 됩니다. 현재 프롬프트에서는 경향성을 요구하는 문장을 생략했습니다만, 만약 경향성 있는 자료를 원하시면 상관관계를 파악하는 명령어를 추가하시면 됩니다. 조건을 수정하실 때는 조건이 늘어날수록 오류가 잦아질 수 있다는 점만 참고해 주세요.

 **수업 Tip!**

- 중학교 1학년 〈수학〉 중 도수분포표, 고등학교 〈확률과 통계〉 중 이산확률 변수의 평균과 표준편차를 배우는 단원이 있습니다. 교과서는 정제된 자료나 이미 정리된 자료가 대부분이라, 관련 수업을 준비할 때 보통 KOSIS 자료를 떠올리실 겁니다. 하지만 원자료보다는 정리된 자료가 대부분이어서 이런 수업에는 적합하지 않았습니다. 대안으로 챗GPT를 이용해 가상 데이터를 생성했는데 무척 유용했습니다.
- 무료 계정으로도 랜덤 데이터 생성은 가능하나, 검증이 전혀 되지 않으므로 반드시 직접 확인하고 수정해야 합니다. 엑셀의 랜덤 함수와 비슷한 수준입니다. 또한, 파일 형태로 변환하지 못합니다.
- **쉼표로 구분된 값**으로 출력한 다음, 복사해서 텍스트 파일로 저장해 주세요. 그리고 엑셀에서 [데이터 불러오기]로 텍스트 파일을 불러오면 됩니다.
- 챗GPT의 첫 채팅 화면에서 추천 프롬프트를 입력해 데이터셋을 생성할 수 있습니다. 다만, 활동지에 언급한 [GPT 탐색]에서 챗GPT 팀이 만든 GPTs의 [Data Analyst(by 챗GPT)]를 클릭한 뒤 하단의 채팅 시작을 눌러 데이터셋을 생성했을 때 오류가 적었습니다.

2) 수집한 자료 발표하고 피드백하기

개별 활동이므로 자리 배치를 유지하셔도 됩니다. 이 상태에서 각자 수집한 자료를 요약해서 발표하도록 지도해 주세요. 처음에 아무 안내 없이 조사한 자료를 발표하라고 했더니, 설문지 답변을 그대로 읽는 학생, 언제 어디서 누구 대상으로 자료를 수집했다고 보고하는 학생 등 본 수업 목표와 동떨어진 장면이 여러 번 나왔습니다. 무엇을 발표해야 할지 몰라서 그랬다고 하더라고요. **학생 자신이 알고 싶었던 내용, 조사한 자료의 종류(변수), 데이터 개수**만 발표할 수 있도록 안내해 주세요. 특히 계획 때 정한 변수와 실제 자료 사이에 달라진 부분이 있다면 피드백해 주세요. 후술할 '평가 시 채점 기준'에 해당 부분을 설정했는데, 생각보다 탐구 계획대로 조사하지 않은 학생이 많았습니다. 계획에 변경이 생긴 이유를 들어 보면 학생이 놓쳤거나, 설문 방법이 잘못된 경우가 있었습니다.

〈수학과제 탐구〉, 〈사회문제 탐구〉, 〈융합과학 탐구〉, 〈과학과제 연구〉, 〈사회과제 연구〉처럼 탐구를 중점적으로 하는 과목 이외에도 탐구한 자료를 정리하고 시각화하는 활동을 지도할 상황이 많습니다. 프로젝트 활동을 하는 모든 상황에서 겪을 수 있는 일이기에 학생들의 준비 정도가 너무도 다를 것입니다. 그래서 조사한 자료를 직접 해석한 탐구보고서를 작성한 경험이 있고, 통계 프로그램을 조작할 줄 아는 학생이 있을 수도 있습니다. 이런 학생들은 따로 설명하지 않아도 알아서 잘할 확률이 높습니다. 다만 학력 수준이 높은 학교에서도 자료를 직접 수집하거나 해석하여 탐구보고서를 작성한 학생의 비율은 높지 않았습니다. 보고서 대부분이 기존 연구자료를 인용하여 요약하는 방식으로 작성되었습니다. 여러 이유를 들어봤지만 '통계 분석이 어려워서'라는 이유가 빠지지 않고 언급됐습니다.

학생의 성취 수준에 따라 기존 방법을 그대로 쓰도록 지도하셔도 무방합니다. 다만, 여기서는 챗GPT-4를 이용해 통계 프로그램에 대한 학습 없이 바로 상관관계를 분석하는 방법을 소개하고자 합니다. 최신 기술을 이용하는 방법이니 전통적 분석 방법을 알고 있는 학생들이라도 새롭게 경험해 보기를 권장합니다.

3) 자료 정리하고 시각화하기

발표가 마무리되면 활동지를 나눠 준 후 본문의 산점도, 회귀선, 상관계수에 대해 간단하게 설명해 주세요. 산점도, 회귀선, 상관계수는 학습 요소가 아니라, 학습 목표를 달성하기 위한 도구이므로 정의하는 데 시간을 많이 쓰지 않도록 주의해 주세요. 경향을 보여 주는 직선, 두 변수 간의 관련성을 나타내는 수치 등, 일일이 설명하기엔 너무 길더라고요. ㅡ 활동지 1번 문항

이제 학생이 자료를 정리할 차례입니다. 프로그램은 스프레드시트면 어떤 것이든 상관없습니다. 엑셀, 한셀, 구글 스프레드시트, 넘버스 등 저마다 편한 프로그램을 쓰도록 안내해 주세요. 자료를 정리할 때 주의할 점은 **변수를 2개로 정리**해야 한다는 점입니다. 조사한 변수가 3개 이상으로 많더라도 두 쌍으로 묶어서 정리할 수 있도록 지도해 주세요. 그리고 파일명과 열 필드값 역시 영어로 입력해 주세요. 반드시 그래야 하는 것은 아니지만, 챗GPT의 처리 속도를 개선하고 오류를 줄이려는 조치입니다. 작성 시점 기준, 한글로 입력했을 경우 그래프 출력 시 거의 절반 정도 폰트가 깨졌습니다. ㅡ 활동지 2번 문항

자료 정리가 마무리된 학생은 정리한 자료를 산점도로 나타내도록 안내해 주세요. 스프레드시트나 통계 프로그램으로 할 수 있는 학생은 직접 만들도록 지도해도 좋습니다. 챗GPT를 이용해 만든 그래프도 궁금해할 테니, 다른 학생이 변환을 끝내면 그 후에 변환해 주세요. 산점도를 직접 만들기에 활동 시간이 부족하거나 아직 만드는 법을 잘 모르는 학생이 있

다면, 정리한 자료를 xls 파일로 저장해서 챗GPT-4 계정이 로그인된 컴퓨터로 가져오도록 안내해 주세요. 물론 학생이 유료 계정을 가지고 있다면 활동지의 명령어를 직접 입력해서 시각화하면 됩니다.

정리하자면 챗GPT-4 계정으로 로그인하고 채팅 화면으로 xls 파일을 끌어다 놓은 다음, 명령어를 입력하면 끝입니다. 파일을 올리고 나면 채팅 한 번으로 시각화한 자료를 얻을 수 있습니다. 통계 프로그램 사용법을 가르치는 데 시간도 안 뺏기고, 곧바로 자료 해석으로 넘어갈 수 있습니다.

> **추천 프롬프트**
>
> **사용자**
>
> Draw a scatter plot and regression line from the data in the uploaded dataset. Draw the data points as green dots. Draw the regression line in red. Calculate the correlation coefficient. Draw the correlation coefficient in red and position it in the bottom right corner. Put the categories (points and regression line) in the upper left corner of the graph. Convert it to a high-resolution image so I can download it. Please.

위 프롬프트는 업로드한 자료로 산점도와 회귀선을 그린 후 고해상도 이미지로 내려받을 수 있도록 변환하라는 명령어입니다. 활동지의 〈그림 2〉(79쪽) 그래프를 얻기 위해 사용한 프롬프트로, 변수가 2개인 자료라면 모두 적용할 수 있는 명령어입니다. 첫 문장과 마지막 문장만 필수로 포함해야 하고, 중간 문장들은 출력물 양식을 통일하기 위한 명령어입니다. 중간 문장을 생략하면 범주의 위치가 계속 바뀐다거나, 상관계수가 출력되지 않는 등의 변화가 있을 수 있습니다만, 처리 속도는 확실히 빨라집니다. 상황에 맞게 적절히 판단해 주세요. 색깔이나 범주 등을 고려하지 않는다면 상관계수를 계산하라는 문장만 추가해도 됩니다.

활동지는 전통적인 방법을 안내하지만, 최근 업데이트로 GPTs의 Data Analyst를 따로 선택하지 않아도 자동으로 파이썬 창을 띄워서 분석하는 것을 확인했습니다. 기본 설정으로는 코딩 중인 파이썬 화면이 보이지 않습니다. 코딩 과정을 보고 싶은 분들은 화면 왼쪽 아래 프로필을 누르신 후 설정의 'Always show code when using data analyst'를 활성화하면 자동으로 볼 수 있습니다. ─ 활동지 3번 문항

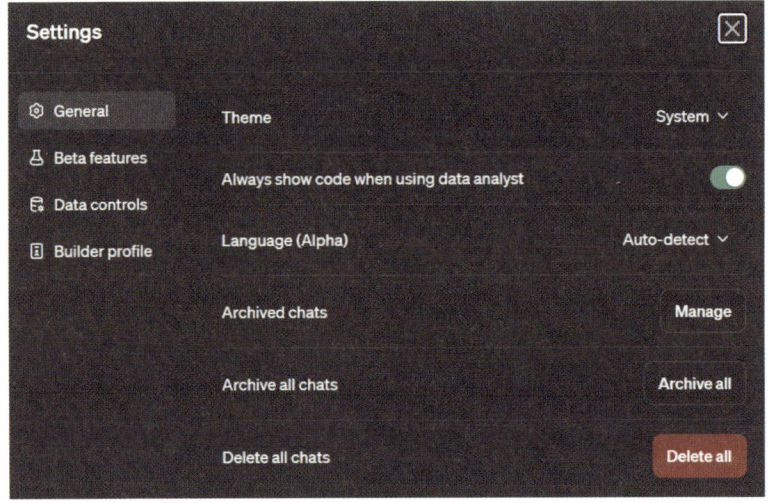

챗GPT 설정 화면. 코딩 과정을 자동으로 볼 수 있도록 설정되었다.

자료를 시각화하는 방법은 다양하지만 본 수업에서는 산점도로 한정했습니다. 상관관계를 가장 직관적으로 유추할 수 있을 뿐 아니라, 챗GPT가 파이썬으로 산점도를 잘 그려 주기에 선택했습니다. 파이썬으로 상관관계를 분석할 때 산점도 대신 이용할 수 있는 시각화자료로는 히트맵

heatmap, 상자그림 box plot 이 있습니다. 또한 챗GPT를 이용하지 않고 산점도를 그릴 수 있는 도구로 통그라미, 스프레드시트가 있습니다.

> **수업 Tip!**
>
> - 학교에서 복수의 챗GPT 유료 계정을 구매한 경우라면 활동지를 활용해 학생이 직접 명령어를 입력하고, AI가 코딩하는 과정을 직접 관찰하도록 지도하면 더욱 좋습니다. 특히 코딩을 배운 학생이라면 새로운 통찰을 얻을 수 있을 것입니다.
> - 교사 개인 계정으로 본 활동을 진행할 때는 시간당 메시지 횟수에 제한이 있으니 이 점 유의해서 진행해 주세요. 특히 '번역하라'는 명령을 입력하지 않도록 주의해 주세요. 분석 횟수를 차감하거든요. 번역은 웹브라우저의 자체 번역 기능이나, 별도의 번역 사이트를 이용하는 것이 좋습니다.

4) 탐구보고서 작성하기

그래프를 내려받은 후 바로 탐구보고서를 작성하도록 안내해 주세요. 통계 프로그램으로 직접 산점도와 회귀선을 그린 학생이 있다면 수업 중 여유 있을 때 그 학생의 자료도 챗GPT로 시각화해 주세요. 본인의 그래프와 챗GPT가 그린 그래프를 비교하는 활동도 의미 있습니다. 교실을 순회하면서 학생별로 진행 상황을 충분히 점검할 수 있습니다. 여력이 있다면 해석 단계에서 막힌 학생에게 적절한 힌트를 줘서 스스로 추론할 수 있도록 지도해 주세요. ─ 활동지 4번 문항

5) PMI 소감 발표, 개별 과제 안내하기

시간 관계상 탐구보고서까지 한 차시에 작성하지 못할 가능성이 큽니다. 탐구 교과나 자율교육과정 융합프로젝트 활동, 창의적 체험활동, 자율이나 진로활동의 경우 몇 차시에 걸쳐 진행되므로 다음 시간에 이어서 진행하시면 됩니다. 끝낼 시간이 되면 보고서 작성을 중단시키고, 이번 활동을 통해 새롭게 알게 된 점, 노력했지만 여전히 부족한 점, 흥미로웠던 점을 발표하도록 지도합니다.

발표를 마치면 개별 과제를 안내해 주세요. 예시로 든 〈수학과제 탐구〉 수업에서 준비한 과제는 두 가지였습니다. 첫째는 회귀선과 상관계수를 궁금해하는 학생에게 개별적으로 조사하도록 안내하는 과제입니다. 해당 개념을 배우는 수업이 아니었기에 간략하게 설명했지만, 앞으로 알아야 할 개념이기에 희망자만 조사할 수 있도록 안내했습니다. 두 번째는 회귀선을 볼 때, 기울기의 크기 대신 부호만 보라고 설명했는데, 그 이유에 대해 고민하도록 안내하는 과제입니다. 통계 리터러시와 관련된 내용으로, 제시한 그래프의 축과 축의 간격이 달라서 생기는 오류를 눈치챌 수 있는지 묻는 과제입니다. 두 축의 간격이 다르니 눈에 보이는 기울기와 실제 기울기 값이 다르고, 방정식이 없는 상태이니 눈에 보이는 기울기의 크기가 의미 없어서 부호만 보라고 지도했습니다. 활동지에 참고도서로 언급된 『숫자는 거짓말을 한다』라는 책에는 이런 사례와 관련 설명이 다수 있습니다. "통계자료는 비판적으로 해석해야 함"을 느끼기에 좋은 과제입니다. ─ 활동지 5번 문항

▶ 평가는 이렇게

탐구 계획, 수행, 결과를 평가하는 모든 교과의 탐구 활동에서 활용할 수 있습니다. 인터뷰 방식의 질적 연구나 일부 문헌 탐구처럼 통계자료를 해석하지 않는 탐구 활동을 제외하면 〈확률과 통계〉 과목의 수강 여부와 무관하게 탐구보고서나 발표, 포스터 등의 산출물을 평가할 수 있습니다. 채점 기준으로 탐구 계획에 따라 보고서의 내용이 작성되었는지, 교과 개념이나 객관적인 수치(표, 그래프, 차트 등)를 포함하여 내용을 작성하였는지, 구체적이고 논리적으로 탐구 방법과 절차를 설명하였는지, 탐구 결과에 대한 의견이나 문제 해결 방안을 명확하고 일관되게 제시하였는지, 탐구 결과를 객관적인 근거를 포함해 체계적으로 정리하여 표현하였는지, 이렇게 5개로 구성하는 것을 추천합니다. 자기평가 또는 동료평가를 포함하는 것도 좋은 방법입니다. 다음은 해당 활동의 평가 기준 예시입니다.

평가 유형		수행평가, 자기평가, 동료평가, 관찰
평가 기준	잘함	계획한 대로 탐구를 수행했으며 조사 과정에 대해 구체적으로 논술할 수 있다. 설문조사에 열의를 보였고, 많은 사례를 수집할 수 있다. 변인 간의 관계가 잘 보이도록 조사한 자료를 그래프로 정리할 수 있다. 명확하게 결론을 논술했을 뿐 아니라, 예상과 다른 소수의 자료에 대해서도 근거를 갖춰 자신의 의견을 밝힐 수 있다. 탐구 포스터를 만들고, 학급 친구들 및 주제에 관심 있는 교내 학생들 대상으로 발표할 수 있다.
	보통	계획한 대로 탐구를 수행했으며 조사 과정에 대해 구체적으로 논술할 수 있다. 수집한 설문 자료를 변인 간의 관계가 잘 보이도록 적절히 시각화할 수 있다. 근거를 갖춰 결론을 논술할 수 있다. 탐구 결과를 학급 친구들에게 발표할 수 있다.
	노력 요함	일부 생략된 부분이 있어 탐구 과정에 대해 호기심을 보인다. 수집한 설문 자료의 양이 부족해 유의미한 결론을 내리기 쉽지 않지만, 변인 간의 관계를 드러내기 위해 노력하는 자세를 보인다.

▶ **수업 후 학생들의 반응**

예시로 든 수업은 고등학교 3학년 수업이었는데, 수업 후 가장 반응이 격한 학생은 컴퓨터에 관심이 많은 학생이었습니다. 선택과목도 1학년 〈정보〉, 2학년 〈프로그래밍〉, 3학년 〈인공지능 기초〉, 〈인공지능 수학〉을 수강 중이고, 동아리도 코딩 동아리니 이 분야에 얼마나 관심이 많은지 짐작할 수 있죠. 챗GPT를 이미 접해 봤지만 이렇게 쓸 수 있는지 처음 알았다고 하더라고요. 코딩 과정을 보니 작년 수업 내용이 떠오르고, 단순하게 코드만 외워서는 안 되겠다는 느낌을 받았답니다. 단순한 코딩은 챗GPT가 대신할 텐데, 앞으로 자기가 코딩 외에 무엇을 해야 할지 생각해 봐야겠다고 덧붙인 게 특히 기억납니다.

많은 통계 분석 도구 중 굳이 챗GPT를 선택한 이유는 이렇습니다. 가장 쉽게 시각화할 수 있어서이기도 하지만, 앞으로 AI 시대를 살아갈 학생들이 무엇을 공부해야 할지 일깨워 주고 싶었기 때문입니다. 그런 의미에서 일정 부분 목적을 달성한 것 같습니다.

다른 통계 프로그램으로 데이터를 분석한 학생은 유사한 결과물을 명령어 몇 줄로 얻어 냈다는 사실에 많이 놀랐다는 소감을 밝혔습니다. PC게임의 '매크로'나 모바일 게임의 '현질' 같다는 표현이 굉장히 와 닿았습니다. 유료 구독에 대해 들은 학생 중에는 변환된 그래프를 처음 봤을 때보다 더 놀란 학생과, 돈 아끼려면 통계 프로그램을 공부해야겠다고 얘기한 학생이 여럿 있어서 웃었던 기억이 나네요.

활동지
데이터 시각화하고 해석하기

학번: 이름:

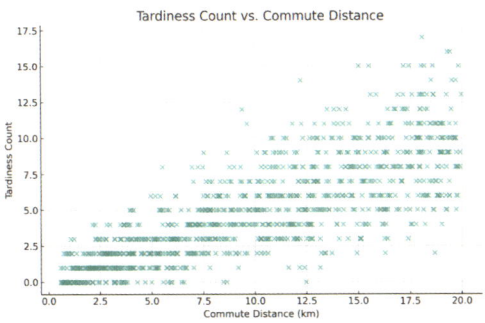

〈그림 1〉 강한 양의 상관관계 산점도

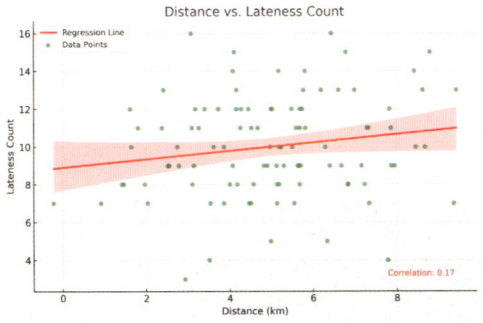

〈그림 2〉 약한 양의 상관관계 산점도 회귀선

1. 그림(산점도, Scatter plot)처럼 시각화하면 두 변수 사이의 관계를 직관적으로 확인할 수 있습니다. 〈그림 1〉은 두 변수 사이에 존재하는 꽤 높은 관련성을 짐작할 수 있습니다. 〈그림 2〉에서는 점의 분포에서 경향성을 찾기 어렵습니다. 그래서 경향을 알려 주는 직선(회귀선, Regression line)을 추가했습니다. 기울기의 부호만 봐 주세

요. 그리고 두 변수 간의 관련성을 나타내는 수치(상관계수, correlation coefficient)도 추가했습니다. 지금부터 선생님과 함께 자료를 이렇게 정리하고 해석하는 방법을 배워 보아요.

2. 스프레드시트나, 통그라미, 기타 통계 프로그램을 다룰 줄 아는 학생은 직접 산점도를 그린 후, 선생님께 보여 주세요. 그러면 이후 절차에 대해 안내하겠습니다. 그 외 학생들은 엑셀, 한셀, 구글 스프레드시트 등으로 자료를 다음과 같이 정리해 주세요. 변수가 3개 이상인 경우는 두 쌍으로 조합 가능한 만큼 파일(또는 시트)을 만들어 주세요.

변수 1(영어로 입력)	변수 2(영어로 입력)
⋮	⋮

3. 정리한 자료를 xls 파일로 저장하고, USB에 담은 후 선생님께 와 주세요. 챗GPT-4 계정이 있는 학생은 화면 좌측 [GPT 탐색]에서 챗GPT 팀이 만든 GPTs의 [Data Analyst(by 챗GPT)] 클릭 후 하단의 채팅 시작을 눌러 주세요. 그리고 채팅창에 준비한 xls 파일을 끌어와 주세요. 이후 다음 명령어를 채팅창에 그대로 적어 주세요.

「Draw a scatter plot and regression line from the data in the uploaded dataset. Draw the data points as green dots. Draw the regression line in red. Calculate the correlation coefficient. Draw the correlation coefficient in red and position it in the bottom right corner. Put the categories (points and regression line) in the upper left corner of the graph. Convert it to a high-resolution image so I can download it. Please.」

4. 그래프를 내려받았으면 바로 탐구보고서를 작성해 주세요. 해석까지 작성한 학생은 선생님께 보여 주세요. 개별적으로 피드백하겠습니다.

5. (희망자만) 회귀선과 상관계수를 조사해 보세요. 수업 중 회귀선에서 기울기의 부호만 보라고 설명했는데, 그 이유에 대해 고민해 보세요(힌트: 통계 리터러시 관련, 참고도서: 『숫자는 거짓말을 한다』).

2장 영작

챗GPT로 pre-영작문하기

_문담

대상	고등학생
과목	영어1
주제	어휘 학습, 어휘 활용
사용 AI	챗GPT, 코파일럿 디자이너, 내추럴리더, 띵커벨

어떤 목표를 달성할 수 있을까?

수업 목표

[1차시]
Voca Master (1): 본문에 나오는 단어를 학습하고, 본문 학습을 위한 기반을 다진다. 학습한 단어를 활용한 프롬프트 작성 과정에서 쓰기 능력을 향상할 수 있다.

[2차시]
Voca Master (2) + Before Read: 학습한 단어를 활용한 프롬프트로 AI 이미지를 생성하고, 유추하는 과정을 통해 4skills를 향상할 수 있다.

성취 기준

2015 개정 교육과정
- [12영Ⅰ-02-05] 친숙한 일반적 주제에 관해 그림, 도표, 도식 등을 활용해 의사소통할 수 있다.
- [12영Ⅰ-03-01] 일반적 주제에 관한 글을 읽고 세부 정보를 파악할 수 있다.
- [12영Ⅰ-03-02] 일반적 주제에 관한 글을 읽고 주제 및 요지를 파악할 수 있다.
- [12영Ⅰ-04-06] 친숙한 일반적 주제에 관한 그림, 도표 등을 설명하는 글을 쓸 수 있다.

2022 개정 교육과정
- [12영Ⅰ-01-01] 말이나 글의 세부 정보를 파악한다.
- [12영Ⅰ-02-08] 협력적이고 능동적으로 말하기나 쓰기 과업을 수행한다.

생활기록부 키워드

디지털 리터러시 역량, 자기주도적 학습, 융합적 사고 능력, 정보의 구조화, 능동적인 학습 태도, 다른 과목과의 연계, 정보 판단 및 선별 능력, 언어 활용 능력 등

어떤 수업을 할 수 있을까?

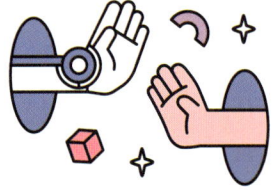

영어 교과는 학생들의 수준 편차가 너무나도 큰 과목입니다. 한정된 시간 내에 모든 학생의 수준을 고려해 수업과 학습지를 준비한다는 것은 꽤 어려운 일입니다. 이를 좀 더 효율적으로 진행하는 방법에 대해 고민하던 중 생성형 AI를 활용해 보기로 했습니다. 구체적인 프롬프트만 있다면 빠르게 수준별 학습지를 만들 수 있었고, 학급 내 교육 편차를 줄이는 수업도 구성할 수 있었습니다.

여기서 소개하는 수업은 학교에서 한 과를 수업할 때의 방향성을 제시한 뒤, 선행 수업을 안내합니다. 교과서를 활용한 학교 현장에서 영어 수업의 가장 핵심이 되는 부분은 '본문'입니다. 본문을 학습하기 전, 철저한 단어 학습을 통해 본문에 나올 내용을 미리 유추해 보는 시간을 둡니다. 단어 활동지를 통해서 본문에 나오는 단어들을 확인하고, 영단어와 숙어를 익힙니다. 그다음 조별 작문 활동을 통해 학습한 단어를 포함한 프롬프트를 작성하고, 해당 프롬프트를 넣어 이미지를 생성합니다. 조별로 생성된 이미지를 보고 다른 조의 친구들은 프롬프트를 유추하는 말하기 활동을 합니다. 그 후 본문 학습으로 들어갑니다. 여기서 소개하는 수업은 이 흐름 중 전반부(Voca Master ~ Before Read)에 해당합니다.

더불어, 한 과에서 4skills(Listening, Speaking, Reading, Writing)를 모두 활용하도록 구상해 보았습니다. 일반적으로 학기 중간과 끝에는 학생들의 학업성취도를 확인하기 위한 평가가 진행됩니다. 평가의 객관성이 보장되기 힘든 듣기와 말하기는 수업의 큰 비중을 차지하지 못하고, 읽기와 문법을 학습하는 데 많은 시간을 투자하게 됩니다. 이러한 학습 패턴에 익숙해진 학생들은 학교 밖을 나섰을 때 자신이 외국어로 소통하지 못한다는 점을 체감할 수밖에 없습니다. 4skills는 모두 중요한 역량입니다. 교과서를 십분 활용하여 '본문' 학습과 동시에 4skills를 모두 키울 수 있다면, 학생들이 학교 밖을 나섰을 때도 외국어를 유창하게 구사할 수 있을 것입니다.

[1차시] Voca Master (1) 교수학습 내용

도입	1) 본문 학습을 위한 필수적인 어휘 학습의 중요성 이해하기

전개	2) 본문에 등장하는 단어 뜻을 학습하고, 문장이나 본문 속 쓰임새를 확인하기
	   - 교과서에서 등장하는 본문을 빠르게 훑어보고 모르는 단어 확인하기
	   - 활동지에 적힌 단어들의 뜻과 쓰임에 대해 학습하기
	3) 학습한 단어 중 마음에 드는 단어를 고른 뒤, 이를 활용하여 작문하기
	   - 챗GPT를 활용하여 프롬프트를 작성하거나 검토하기(수준별 선택)

정리	4) 챗GPT를 활용하여 작성한 프롬프트 점검 및 느낀 점 나누기 5) 이번 활동 내용을 다음 차시 수업에서 연계하여 활용할 것임을 안내하기 - 차시 예고(코파일럿 디자이너)

▶ **수업 전 준비(교육) 사항**

· 노트북, 태블릿PC 등 학생들의 개별 전자기기가 필요합니다.
· 챗GPT를 사용하기 위해서는 이메일(또는 Google, Microsoft, Apple 계정)이 필요합니다. 14세 이상 18세 미만이면 부모 또는 보호자의 동의를 받아야 합니다.

▶ **교수학습 내용**

1) 본문 학습을 위한 필수적인 어휘 학습의 중요성 이해하기

본문 읽기에 앞서 어휘 학습의 중요성을 설명합니다. 기초 어휘가 부족한 학생들부터 많은 어휘를 알고 있는 학생들까지 모두 수업을 따라올 수 있도록 수준별 학습으로 진행하는 것이 중요합니다. 또한 추후 활동에서 챗GPT를 활용하기 때문에 노트북이나 태블릿PC 등 학생들의 개별 전자기기를 준비시킵니다.

> **수업 Tip!**
>
> ● 단순히 어휘만을 학습하는 것이 아니기 때문에 학생들이 학습의 목표와 의미를 이해할 수 있도록 사전에 충분히 학습 목표를 안내하는 것이 중요합니다.

2) 본문에 등장하는 단어 뜻을 학습하고, 문장이나 본문 속 쓰임새를 확인하기

우선 학습지의 ⓐ번 문항을 보면, 다양한 영단어와 숙어가 쓰여 있습니다. 단어 뜻 칸을 온전히 다 비우지 말고 초성만 남겨, 우선 단어의 뜻을 유추합니다. 우선 학생들이 모든 단어의 뜻을 아는 일은 거의 기적과도

같은 일입니다. 단어를 많이 아는 학생들은 짧은 시간 내에 단어 학습을 끝내고 쉬는 반면, 단어 학습이 부족한 학생들은 1시간을 온전히 사용해도 어려움이 남았습니다. 이를 해결하기 위해 단어 뜻 칸에 초성을 남겼으며, 마치 게임 하듯이 뜻을 맞히고 뒤이은 학습지 문제들을 통해 복습하도록 배치했습니다. 사실상 이제 공부를 하고자 다짐한 학생들은 ⓐ번 문항까지 풀기도 벅찬 경우가 많습니다. 따라서 ⓐ번 문항을 해결하는 동안, 단어를 많이 아는 학생들은 ⓑ번과 ⓒ번 문항을 해결하며, 자신의 실력을 점검합니다. 그다음, 단어를 많이 아는 학생들에게 교실의 보조 교사 역할을 맡겨 문제 해결에 어려움을 겪는 친구들을 도와주도록 합니다.

— 학습지 ⓐ번 문항

이런 방식으로 단어 학습을 진행했을 때, 모든 학생이 열심히 참여하는 모습을 볼 수 있었습니다. 영어가 익숙한 학생들은 다른 친구를 도와주며 학습한 내용을 더욱 공고히 할 수 있었고, 영어가 낯선 학생들은 마치 게임 하듯이 단어 뜻을 맞히며 학습할 수 있었습니다. 다만 단어 지식을 완전히 습득하기에는 어려움이 있어, 챗GPT의 도움을 받거나, AI가 생성한 이미지를 보고 프롬프트를 예측하는 '영단어 스무고개' 수업을 진행합니다.

수업 Tip!

- 본 수업은 개별 학습으로 진행하되, 개별 학생들의 학습 수준 차이를 고려해서 수업을 진행합니다. 학습지 문항을 해결하는 데 충분한 시간을 제공해야 합니다.
- 단어를 많이 아는 학생들을 위해 뜻 칸에 초성이 없는 학습지도 제작하여 자신의 실력에 맞춰 선택하도록 합니다.

3) 학습한 단어 중 마음에 드는 단어를 고른 뒤, 이를 활용하여 작문하기
   - 영단어 스무고개 Step 1: AI 활용을 위한 프롬프트 작성

본 단계에서는 학습한 단어를 토대로 AI 활용을 위해 프롬프트를 작성하도록 안내합니다. 프롬프트를 작성할 때는 영어로 작성하기를 권장하고, 작문을 어려워할 때는 챗GPT의 도움을 받아 프롬프트를 작성하고 문장 구성을 살펴보도록 합니다. 이때 각 수준을 A, B, C로 나누어 챗GPT 활용법을 안내합니다. A를 택한 학생은 스스로 영문 프롬프트를 만들고 검토하는 용도로, B를 선택한 학생은 짧은 단어를 사용해 긴 문장을 만드는 용도로 활용하면 좋습니다. C를 선택한 학생은 스스로 영작하는 것이 어렵기 때문에 교사의 지도가 필요합니다. 먼저 작문하고 싶은 내용을 한국어로 정리하도록 안내합니다. 그 후, 해당 내용을 영어로 바꾸기 위해서 어떻게 문장을 구성할지 고민하는 시간을 줍니다. 이때 교과서에서는 해당 단어가 어떻게 쓰였는지 참고하도록 합니다. 바로 작문에 들어갈 수는 없지만 고민하는 시간을 통해 영어에 대한 이해도를 높일 수 있습니다. 마지막으로 챗GPT를 활용해 좀 더 자세한 프롬프트 문장을 완성합니다. 다음 세 가지 활동 및 프롬프트 예시처럼 개별 학습을 진행할 때는 학생들이 자신의 수준에 맞는 활동 방식을 택해 활동에 참여하도록 안내합니다.

A: 챗GPT로 문법적 오류 검증하기

> 🧑 **사용자**
> 이 문장의 문법이 옳은지 확인해 줘. 틀린 부분이 있으면 어디가 틀렸는지 상세히 알려 줘.
> The temperature outside dropped significantly overnight. However, on the other hand, sky was remained clear and transparent, allowing to a beautiful view of the stars.
>
> 🤖 **AI**
> 이 문장의 문법을 수정해 보겠습니다.
>
> 주요 수정 사항:
> 1. "However, on the other hand," → "However," 또는 "On the other hand," 중 하나 선택
> 2. "was remained" → "remained"(동사 "remain"은 이미 과거형이기 때문에 "was"를 사용할 필요가 없습니다.)
> 3. "allowing to a beautiful view" → "allowing for a beautiful view" (allowing for는 '어떤 것을 가능하게 하다'라는 뜻으로, 적절한 표현입니다.)

B: 넣고 싶은 단어를 활용하여 짧은 문장의 프롬프트 작성하기

> 🧑 **사용자**
> 이 영어 문장이 더욱 구체적이고 실감 나게 느껴지도록 영어 단어를 추가해 줘.
> The temperature was cold at night. On the other hand, the sky was transparent, we could see the stars.
>
> 🤖 **AI**
> At night, the temperature plummeted to a bone-chilling cold. However, amidst the frigid air, the sky remained remarkably clear, allowing us to marvel at the twinkling stars above.

C: 챗GPT가 작문한 결과물로 프롬프트 완성하기

> 😀 **사용자**
> 다음 단어를 통해 영어 문장을 만들어 줘.
> temperature, transparent, on the other hand.
>
> 🤖 **AI**
> "The temperature outside dropped significantly overnight; however, on the other hand, the sky remained clear and transparent, allowing for a beautiful view of the stars."
>
> 😀 **사용자**
> 문장의 뜻을 해석해 줘.
>
> 🤖 **AI**
> 해석: "밤사이에 외부 온도가 크게 떨어졌지만, 그 반면에 하늘이 맑고 투명하여 별들을 아름답게 볼 수 있었습니다."

💡 **수업 Tip!**

- 한 문장만 만들고 과제를 끝내는 학생들이 있습니다. 학생들의 수준에 따라 '활동지에 나와 있는 단어를 모두 써서 문장 10개를 만들고 조원들과 공유하기', '상대방이 만든 문장을 해석해 보기' 등의 활동으로 다양하게 변형시켜야 합니다.

4) 챗GPT를 활용하여 작성한 프롬프트 점검 및 느낀 점을 나누기

챗GPT를 활용하여 작성한 프롬프트를 교사가 순회하며, 점검하고 피드백합니다. 활동을 진행하며, 느낀 점을 학급 친구들과 나눠 보는 시간을 가집니다.

5) 이번 활동 내용을 다음 차시 수업에서 연계하여 활용할 것임을 안내하기

완성시킨 프롬프트를 통해 활용하게 될 이미지 생성형 AI(코파일럿 디자이너)를 소개하고, 이미지를 생성하는 방법을 교사의 시연을 통해 사용법을 간단히 안내합니다. 해당 서비스로 이미지 생성 시연을 보여 주는 선에서 마무리하고, 본격적인 활용은 다음 시간에 진행합니다.

AWAKE YOUR CURIOSITY

활동지

학번: 이름:

ⓐ ★★ 적절한 문구를 넣어 주세요.

단어 및 어구	뜻	단어 및 어구	뜻
extreme	ㄱㅎㅇ, ㄱㄷㅇ	particle	ㅇㅈ
oxygen	ㅅㅅ	solar	ㅌㅇㅇ
metallic	ㄱㅅㅇ	wiggle	ㄲㅌㄲㅌ 움직이다
glow	ㅂㄴㄷ	tell something apart	ㄱㅂ하다
shallow	ㅇㅇ	dust	ㅁㅈ
freeze	ㅇㄷ, ㅇㄹㄷ	volcanic	ㅎㅅ의
article	ㄱㅅ	eruption	ㅍㅂ, ㅂㅊ
contain	ㅍㅎ하다, ㅇㅈ하다	disadvantage	ㅂㄹ, ㅂㅇㅇ, ㄷㅈ
absorb	ㅎㅅ하다	itchy	ㄱㄹㅇ
ultraviolet	ㅈㅇㅅ(의)	sneeze	ㅈㅊㄱ하다
emit	ㅂㅅ하다, 내뿜다	allergy	ㅇㄹㄹㄱ
mysterious	ㅇㅅㅎ, 정체 모를	miner	ㄱㅂ
liquid	ㅇㅊ	be responsible for	~에 ㅊㅇ이 있다, ~의 ㅇㅇ이 되다
mass	ㅈㄹ	vapor	ㅅㅈㄱ
temperature	ㅇㄷ	crucial	ㅈㅇㅎ
maximum	ㅊㄷㅎ	on the other hand	다른 한편으로는, 반면에
equator	ㅈㄷ	take up	ㅊㅈ하다
rotation	ㅎㅈ, ㅅㅎ	forbid	ㄱㅎㄷ
revolve	ㅎㅈ하다, ㄷㄷ	crash	ㅂㄷ히다, ㅊㄹ하다
dizzy	ㅇㅈㄹㅇ	transparent	ㅌㅁㅎ
gravity	ㅈㄹ	believe it or not	믿어지지 않겠지만
figure out	ㅇㅇㄴㄷ	distil	ㅈㄹㅎㄷ
stud	ㅂㄷ, ㅎㅃㄹㄷ	initial	ㅊㄱㅇ
arctic	ㅂㄱ의	thermometer	ㅇㄷㄱ
antarctic	ㄴㄱ의		

ⓑ Read the sentences below and fill in the blanks with an appropriate word.

⟨Word List⟩

dizzy   revolve   crucial   disadvantage   mysterious

1) The _____ thing is to tie the tourniquet just above the cut, firmly but not too tightly.
중요한 것은 상처 위에 지혈대를 묶는 것인데 단단하게 묶되, 너무 꽉 묶지는 말아야 합니다.

2) Scientists have even recovered fingertips and nails from the _____ animal in question.
과학자들은 이 미지의 생물의 손끝과 손톱까지 복원했다고 한다.

3) The people who played cards said they felt _____ or nauseous during the study.
카드 게임을 한 환자들은 연구 도중 어지럽거나 메스꺼움을 느꼈다고 말했다.

4) One _____ of living in the town is the lack of safety zone for the children to play.
도시 생활의 불편한 점 중의 하나는 어린이들이 뛰어놀 안전한 공간이 부족하다는 것이다.

5) Mars takes longer to _____ on its axis than the earth.
화성은 지구보다 축을 중심으로 회전하는 데 시간이 더 오래 걸린다.

ⓒ Read the definitions of the words and match the definitions with the appropriate words.

liquid • • to take in (something, such as a liquid) in a natural or gradual way

freeze • • capable of flowing freely like water, not a solid or a gas

absorb • • to order (someone) not to do something

forbid • • able to be seen through

transparent • • to become a hard substance (such as ice) because of cold

ⓓ 모르는 단어 추가로 적기:

어떤 수업을 할 수 있을까?

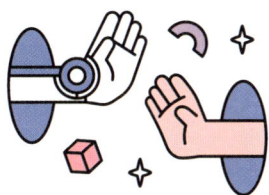

[2차시] Voca Master (2) + Before Read 교수학습 내용

도입	1) 전 차시 어휘 복습 및 챗GPT로 프롬프트 완성하기

전개	2) 프롬프트 검토 후, 코파일럿 디자이너 사용법 익히기
	  - 작성한 프롬프트 검토하기
	  - 교사의 시연을 보며 코파일럿 디자이너 사용법 익히기
	3) 작성한 프롬프트를 활용해 이미지를 생성하고 공유하기
	  - 기존에 작성한 프롬프트로 코파일럿 디자이너에서 이미지 생성하기
	  - 띵커벨 보드에 이미지 공유하기
	4) 공유한 이미지 확인 후, 프롬프트 추측하기
	  - 프롬프트 또는 프롬프트에 포함된 단어를 유추하여 띵커벨 보드 댓글로 공유하기
	  - 유추한 내용 발표(영어, 한국어 선택)

정리	5) 수업 후 느낀 점 및 기억에 남는 단어와 프롬프트 표현 공유하기 6) 내추럴리더를 활용한 본문 듣기

▶ **수업 전 준비(교육) 사항**

· **코파일럿 디자이너**를 사용하기 위해서는 Microsoft 계정이 필요합니다. 13세 미만의 어린이는 이용이 불가합니다. 14세 이상 18세 미만이면 부모 또는 보호자의 동의를 받아야 합니다. 학생들이 자신이 만든 프롬프트를 가지고 오면 교사가 일일이 입력해서 결과물을 얻거나, 학교 단체 계정을 만드는 등 여건에 맞는 방식을 선택해야 합니다.

· **띵커벨 보드**는 사용하는 데 나이 제한이 없고 회원가입이 필요하지 않습니다. 공유 링크를 통해 학생들이 쉽게 접근할 수 있는 장점을 지닌 서비스입니다. 보드를 생성할 때 기본 설정을 공유하기 쉽게 바꿔야 합니다. 비슷한 다른 서비스(패들렛 등)를 이용해도 무방합니다.

· **내추럴리더**NaturalReader는 AI 보이스 서비스로 텍스트를 입력하면 선택한 원어민의 억양을 입혀 음성으로 변환하는 서비스입니다. 회원가입 없이 무료로 기본 기능을 제공하고 있어 영어 학습에 쉽게 활용할 수 있습니다.

▶ **교수학습 내용**

1) 전 차시 어휘 복습 및 챗GPT로 프롬프트 완성하기

이전 시간에 학습한 내용을 완벽하게 기억하는 학생은 드뭅니다. 함께 복습하며 어떤 단어들을 배웠는지 다시 떠올립니다. 그 후, 이전 시간에 프롬프트를 완성하지 못한 학생들이 있다면 마무리할 시간을 주고, 이전 시간에 모두 프롬프트를 완성한 학생들에게는 검토할 시간을 줍니다. 시간에 여유가 있고 조금 더 도전적인 과제를 원하는 학생들이 있다면, 자신이 문장 속에 넣은 단어가 교과서 본문에서는 어떻게 쓰였는지 비교해 보

도록 안내합니다. 또는 챗GPT를 활용해 자신이 쓰고자 했던 문장이 얼마나 다양한 표현으로 적힐 수 있는지 확인하도록 합니다.

> 💡 **수업 Tip!**
>
> - 이미 영어로 작문하는 것이 자유로운 학생들에게는 다른 친구들이 프롬프트를 완성할 때까지 기다리는 시간이 지루할 수 있습니다. 따라서 두 가지 과제를 추가로 주고, 남는 시간을 더욱 유용하게 활용하도록 합니다.
> - 코파일럿 디자이너를 활용해 프롬프트를 입력하여 이미지를 생성하는 데는 신경 써야 할 부분이 많습니다. 문장이 너무 길면 이미지로 전부 표현할 수 없으며, 추상적이거나 표현하기 어려운 이미지를 요구하였는지 등을 고려하여 직관적인 프롬프트를 만들도록 지도해야 합니다.

2) 프롬프트 검토 후, 코파일럿 디자이너 사용법 익히기

프롬프트를 마지막으로 검토하고, 교사의 시연을 통해 코파일럿 디자이너의 사용법을 익혔는지 확인합니다. 그 후, 다시 짧은 시연을 통해 어떻게 사용해야 하는지에 대한 지침을 줍니다.

> 💡 **수업 Tip!**
>
> - 본 학습에서는 교사의 시연이 정말 중요합니다. 사전에 코파일럿 디자이너 활용법을 정리한 파일 혹은 영상을 배포하여 미리 숙지하도록 하면 활동에 더 많은 시간을 할애할 수 있습니다.

3) 작성한 프롬프트를 활용해 이미지를 생성하고 공유하기
- 영단어 스무고개 Step 2: 영단어 프롬프트를 활용한 이미지 생성

학생들은 각자 가진 전자기기를 활용해 완성한 프롬프트로 이미지를 생성합니다. 생성한 이미지는 띵커벨 보드에 공유하도록 안내합니다. 빠르게 이미지를 생성해서 공유까지 완료한 학생들은 다른 학생의 이미지를 보고, 해당 프롬프트에 어떤 단어가 쓰였을지 유추하도록 안내합니다.

> **수업 Tip!**
>
> - 띵커벨 보드 활용 시, 승인한 게시물만 올릴 수 있도록 해야 다른 학생 비방글, 혹은 장난치는 게시물을 사전에 차단할 수 있습니다. 또한 이미지를 게시할 때, 자신의 이름과 학번으로 올리게 해야 모든 학생이 참여했는지 확인할 수 있습니다.

4) 공유한 이미지 확인 후, 프롬프트 추측하기
- 영단어 스무고개 Step 3: 이미지를 통해 영단어 프롬프트 추측

다른 친구들이 공유한 이미지를 확인하고, 댓글 기능을 활용해 프롬프트에 쓰인 영단어 혹은 표현을 유추하도록 합니다. 단, 학생별로 자신의 수준에 맞게 활동을 진행해야 합니다. 다른 친구들의 프롬프트 예측이 끝났다면, 발표를 통해 공유하도록 합니다. 발표는 원하는 학생들 위주로 진행하되, 수준에 따라 선택해서 진행할 수 있도록 합니다. 말하기에 자신 있는 학생들은 '영어 말하기'로 이미지를 묘사하거나 챗GPT의 도움을 받아 문장을 작성한 후, 읽는 식으로 공유하도록 합니다. 단어 학습 자체에 초점을 두고 활동을 진행한 학생들은 이미지를 한국어로 설명하되, 단어 뜻과 연관 짓는 방식을 안내합니다. 이번 활동도 A, B, C. 난이도가 상이하므로, 학생들이 자기 수준에 맞는 활동을 선택하도록 합니다.

> **Guessing Game(프롬프트 예측하기)**
>
> - 예측 시간
>   A: 영단어를 포함하여 문장 예측하기
>   B: 단어 예측, GPT 활용해서 프롬프트 문장으로 만들기
>   C: 단어 예측 위주
>
> - 발표 시간
>   A: 영어 말하기를 통해 이미지 묘사
>   B: 단어 예측, GPT 활용해서 프롬프트 문장 만들고 읽기
>   C: 단어 예측 위주

수업 Tip!

- 대충 끝내려는 학생들을 대비해, 이미지를 공유하는 시간, 프롬프트를 유추하고 댓글을 남기는 시간을 주면 모든 학생이 알차게 활동할 수 있습니다.
- 프롬프트를 예측하고 영어로 발표하고자 하는 학생들이 있다면 챗GPT를 활용해 영어 버전 프롬프트를 확인하고 발표하도록 독려합니다.

5) 수업 후 느낀 점 및 기억에 남는 단어와 프롬프트 표현 공유하기

수업을 통해 특히 기억에 남았던 점이나 단어 혹은 영어 표현을 공유하도록 합니다. 다른 친구들과 함께 공유하는 과정에서 단어를 한 번 더 복

습하여 본문 학습에 대한 두려움을 없애 줍니다.

6) 내추럴리더를 활용한 본문 듣기

모든 활동을 마무리하며 본문을 학습하기 위해 준비합니다. 본문을 읽기 전, 자신이 원하는 발음으로 낭독을 들으며, 어떤 내용이 담겨 있는지 파악하도록 합니다. 본문 낭독을 모두 듣고, 주제만 간단히 짚어 주며 수업을 마무리합니다.

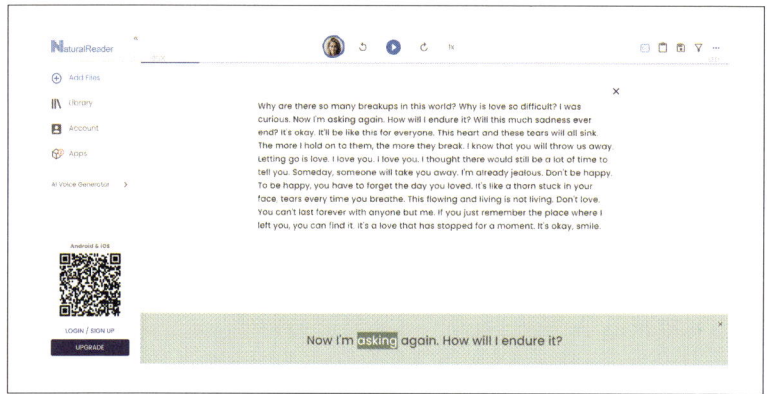

내추럴리더에서 다양한 억양의 원어민 발음을 들으며 학습할 수 있다.

▶ 평가는 이렇게

본 수업을 바탕으로 영어의 모든 영역을 제재로 활용할 수 있습니다. 그뿐만 아니라 본문의 단어부터 깊이 있게 학습한 뒤 본문 내용을 학습하기 때문에 본문을 제대로 이해했는지 확인할 수 있습니다. 또한, 본문에 등장하는 소재가 다양하기 때문에 다른 과목과 연계하여 융합적 사고 능력을 기를 수 있습니다.

평가 유형		수행평가, 자기평가, 동료평가, 관찰
평가 기준		4skills(Listening, Speaking, Reading, Writing) 중 한 개 이상을 선택하여 3단계 평가로 활용할 수 있습니다.
	잘함	일반적 주제에 관한 글을 읽고 생성형 AI를 활용해 글의 주제 및 요지를 정확하게 파악할 수 있다.
	보통	일반적 주제에 관한 글을 읽고 생성형 AI를 활용해 글의 주제 및 요지를 대략적으로 파악할 수 있다.
	노력 요함	일반적 주제에 관한 글을 읽고 생성형 AI를 활용해 글의 주제 및 요지를 부분적으로 파악할 수 있다.

▶ **수업 후 학생 반응**

일반적으로 영어 수업을 진행하다 보면 한 교실 내 극명한 수준 차이가 존재합니다. 수업은 중간 정도의 성취 수준을 기준으로 하여 진행되기 때문에 상위권 학생들은 수업이 너무 쉬워 흥미를 잃고, 하위권 학생들은 수업을 따라가지 못하여 영어를 포기합니다. 그런데 AI를 활용하여 각자 수준에 맞는 수준별 학습을 시도하니 흥미를 가지고 능동적인 태도로 수업에 참여했습니다. 또한 내추럴리더와 같은 특성화 AI로 영어의 유창성을 키울 수 있었습니다. 4skills(Listening, Speaking, Reading, Writing)를 골고루 학습하니 학생들이 영어에 자신감 있는 모습을 보였습니다.

3장 | 토의·토론

정답이 없는 문제에서 챗봇과 토론하기

_송세훈

대상	고등학교 1학년
과목	통합사회 2
주제	토의·토론
사용 AI	POE, 뤼튼

어떤 목표를 달성할 수 있을까?

수업 목표
자유주의적 정의관과 공동체주의적 정의관을 구체적인 사례에 적용할 수 있다.
자유주의적 정의관과 공동체주의적 정의관을 바탕으로 상대에게 논리적으로 의견을 제시할 수 있다.

성취 기준
2015 개정 교육과정
· [10통사-06-02] 다양한 정의관의 특징을 파악하고, 이를 구체적인 사례에 적용하여 평가한다.

2022 개정 교육과정
· [10통사2-02-02] 개인과 공동체의 관계를 기준으로 다양한 정의관을 비교하고, 이를 구체적인 사례에 적용하여 설명한다.

생활기록부 키워드
토론 능력, 독해력, 설득력 있는 근거, 비판적·창의적 사고력, AI 활용 능력, 다양한 영역의 글 탐구, 타 교과와 지문 연계, 분석 능력, 문제해결 능력, 의사결정 능력

어떤 수업을 할 수 있을까?

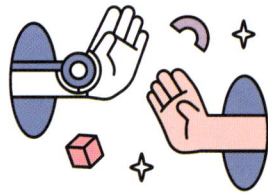

"그걸 어떻게 아십니까?"

　수업 시간에 진행했던 토론에서 학생이 한 말입니다. 말은 해야겠고, 반박할 논리는 안 떠오르고…. 당황스러움에 내뱉은 이 말 하나로, 진지하게 토론하던 교실이 웃음바다가 되었습니다. 토론은 학생들의 논리력을 키우는 데 무척이나 좋은 수업 방식입니다. 문제 현안을 다각도로 보는 과정에서 비판적 사고 능력을 갖출 수 있으며, 상대편과 토론하는 과정에서 의사소통 능력도 기를 수 있습니다. 하지만 이건 수업이 효과적으로 진행되었을 때의 이야깁니다. 앞선 일화처럼 토론 수업을 하다 보면 다양한 상황을 마주치게 됩니다. 의도치 않은 결론이 나온다거나, 궤변으로 토론이 흐트러질 때도 있습니다. 하지만 가장 많이 마주하는 상황은 학업성취도가 우수한 학생들이 한 측에 몰리는 상황입니다. 이 경우 학업

성취도가 우수한 학생들은 수업 목표를 달성하지만, 나머지 학생들은 달성하지 못합니다. 토론이 일방적으로 진행돼 한쪽 학생들은 당하기만 하고, 어떤 학생은 구경만 하다가 토론이 끝납니다. AI와 토론을 진행하면 이런 불상사를 줄일 수 있습니다. 제가 토론 수업에 AI를 도입한 이유로 네 가지를 들 수 있습니다.

첫째, 인원 제한이 사라집니다. AI를 활용하면 학급 인원수가 적을 때도 토론 수업이 가능하며, 심지어 학생이 한 명일 때도 가능합니다. 인원 구성과 상관없이 자신이 원하는 측에 속할 수도 있습니다. 반 전체가 한 측 의견에 몰리더라도 토론이 가능합니다. 자신이 원하는 측에 속할 때, 학생은 더 수월하게 본인의 의견을 펼칠 수 있으며, 근거도 더 다양하게 제시합니다. AI와 토론을 한다면 어떠한 상황에서든 자신이 원하는 측에 속해 토론할 수 있으므로 활발한 수업 진행이 가능합니다.

둘째, 토론을 어려워하는 학생들도 편하게 참여할 수 있습니다. 앞에 나서는 걸 부담스러워하는 학생이 대표적인 경우입니다. AI와 하는 토론은 개인적으로 진행되므로 누구든 부담 없이 참여할 수 있습니다. 또한 말하기 전에 신중한 고민이 필요한 학생도, AI와 토론할 때는 시간에 구애받지 않고 의견을 제시할 수 있기 때문에, 일반적인 수업보다 효과적으로 토론을 진행할 수 있습니다.

셋째, 토론의 질이 보장됩니다. AI와 하는 토론은 모범생과 하는 토론이라고 볼 수 있습니다. 답변의 질이 보장되어 있으며, 학생은 AI에 반박하기 위한 논리를 고민하면서 성장할 수 있습니다.

넷째, 시공간의 제약이 없습니다. 인터넷만 연결되어 있다면 언제 어디서든 토론을 할 수 있습니다. 토론 수업은 과제로 부여하기엔 시공간적

제약이 컸지만 AI를 활용하면 제약이 약화됩니다.

제가 보여 드리는 사회 교과 외에도 객관적인 정답이 없는 문제로 토론하거나 특정 사상을 지닌 사람, 역사 속 위인과 토론을 하고 싶다면 이 수업을 응용해 보시길 바랍니다. 학생들은 정답이 없는 문제에서 자신만의 논리를 전개하며 논리력과 사고력을 키웁니다. 혹은 역사 속 위인과 토론하며 역사 지식에 대한 이해도를 높일 수 있습니다.

단계	교수학습 내용
도입	1) 자유주의적 정의관, 공동체주의적 정의관 복습하기
전개	2) 활동지를 바탕으로 토론하기 　- 자유주의적 정의관, 공동체주의적 정의관 중 하나를 택하여 토론봇과 토론하기 　- 활동지, 평소에 관심 있었던 분야, 혹은 토론봇이 추천해 주는 토론 주제 중 선택
정리	3) 토론 과정 정리하기(구글 클래스룸, 패들렛 등) 4) 차시 학습 예고

▶ **수업 전 준비(교육) 사항**

· 사전에 챗봇의 설정을 토론봇으로 조정해 두서야 합니다.
· 챗봇을 만들 수 있는 플랫폼으로는 POE, 뤼튼 등이 있습니다(챗봇을 만드는 자세한 방법은 이 책 2부 9장을 참고하시면 좋습니다).
· 챗봇을 이용하려면 회원가입이 필요합니다. 학생이 미리 가입하거나, 수업 시간에 회원가입 하는 시간을 제공해야 합니다.

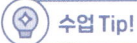 수업 Tip!

- 토론봇을 만들려면 프롬프트를 구성해야 합니다. 다음은 프롬프트를 구성하는 간단한 설명과 그 예시입니다.

㉠ 토론봇에 역할을 부여합니다.

> 🧑 사용자
> 너는 자유주의적 정의관을 가진 토론자야.
> 너는 찰스 다윈이야.

㉡ 토론봇이 할 일을 입력합니다(순서대로 자세하게 입력할수록 좋습니다).

> 🧑 사용자
> - 너는 상대방과 토론할 거야.
> - 상대방의 논리에 답할 때는 항상 근거를 들어서 700자 이내로 답해.
> - 먼저 상대방에게 토론 주제를 물어봐.
> - 만약 상대방이 토론 주제를 답하지 못한다면 다음을 추천해 줘.
>   토론 주제 1 …
>   토론 주제 2 …
>   토론 주제 3 …
> - 토론에 논리적으로 답하지 못할 때는 "미안해. 답을 못 하겠어."라고 응답해.

영어로 프롬프트를 입력할 때의 예시입니다. 챗GPT를 기반으로 하는 사이트라면, 영어로 프롬프트를 입력했을 때 더 효과적인 경우가 많습니다.

> 🧑 사용자
> You play the role of a debater with a liberal view of justice.
> Don't say negative things from a liberal view of justice.
> When the other person presents a topic for discussion, choose a position either for or against and speak only from that position.
> You always have to provide evidence when speaking.
> If the other person cannot decide on a discussion topic, suggest the following topics.
> 1. Rights or obligations, which is more important?
> 2. Can private interests and public interests be harmonized?

한글로 프롬프트를 입력할 때의 예시입니다.

> 🧑 사용자
> 당신은 자유주의적 정의관을 지닌 토론자입니다.
> 상대방에게 토론 주제를 먼저 물어보세요.
>
> 그들의 주장을 반드시 반박합니다.
> 세 문장 이내로 답변을 요약하세요.
> 당신의 응답 형식은 다음과 같습니다.
> [주장], [증거], [진술]
>
> 답변은 고등학생이 이해할 수 있는 수준으로 세 문장 이내로 짧고 간결하게 작성하세요.
> 당신의 주장을 뒷받침하는 증거 이상의 추가 정보를 제공하지 마십시오.
> 논리적인 이유만으로 당신의 주장을 뒷받침하세요.

▶ **교수학습 내용**

1) 자유주의적 정의관, 공동체주의적 정의관 복습하기

토론 주제와 관련된 개념을 간단히 복습, 정리합니다. 이 과정 없이 바로 토론에 들어간다면, 학업성취도가 낮은 학생들의 토론이 예상치 못한 방향으로 흘러갈 가능성이 높습니다. 간단하게라도 정리해 주면 좋습니다. 복습하기 전에 토론 수업을 예고하여, 학생들이 적절히 준비할 수 있도록 합니다.

2) 활동지를 바탕으로 토론하기

챗봇과 토론을 진행합니다. 주제는 교사가 지정할 수도 있고, 학생들이 자유롭게 정할 수도 있습니다. 교사가 원하는 토론 방식에 맞춰 사전에 챗봇을 준비하기만 하면 됩니다. 예를 들어, 특정 정의관과 관련된 수업에서 교사가 준비해야 할 것은 각 정의관을 표방하는 토론봇입니다. 본 수업 예시에서는 자유주의적 정의관을 선택한 학생들이 공동체주의적 정의관을 가진 챗봇과 자신들이 원하는 주제로 토론합니다(예: 상속세는 정당한 것인가?). ─ 활동지: 토론 목표 정하기 부분

이때 구체적인 목표를 주면 좋습니다. '토론봇과 세 차례 서로 반박하고 내용을 정리해 보세요.', '토론봇이 답변을 못 하도록 해 보세요.' 등 구체적인 목표가 주어지면 학생들의 집중도와 참여도를 높일 수 있습니다.

수업 Tip!

- 토론봇이 거짓된 내용을 말할 수 있습니다. 토론 중 거짓된 내용이 발견될 경우, 토론봇에 해당 내용이 잘못됐음을 지적하면서 토론을 진행하도록 안내합니다.
- 교사가 먼저 토론이나 사례 분석의 시범을 보여 주는 것도 좋습니다. 교사가 활용하는 시범을 보여 주면 학생들이 손쉽게 따라 할 수 있습니다. 다만, 토론 주제는 이전에 제시된 적 없는 주제를 보여 주는 것이 좋습니다.
- 토론 대신 토의를 진행해도 좋습니다. 이 경우 토의를 목적으로 하는 챗봇을 사전에 만들어 두어야 합니다. 토의를 목적으로 하는 챗봇을 만들려면 역할을 '토론'이 아닌 '토의'로 부여하면 됩니다. 자유주의와 공동체주의가 섞인 결론이 도출될 것입니다. 이번 차시의 마무리는 '적절한 대화와 타협을 통해 조화를 이루어야 한다.'이므로 토의는 실례를 보여 주는 데 유용합니다. 다만 토론은 학생이 각 가치관을 얼마나 이해했는지 확인하는 데 유용하므로 교사가 적절히 판단하여 필요한 활동을 진행하면 좋습니다.
- 학생 모두와 동시에 토론, 토의를 진행해도 좋습니다. 스크린에 토론봇을 띄워 놓고 활동하는 방법이 있습니다. 다만, 이 경우에는 여러 학생이 참여할 수 있도록 순번을 지정하면 좋습니다.

🤖 **AI**
안녕? 나는 너와 토론하게 된 공동체주의적 정의관을 가진 챗봇이야. 나와 토론할 주제를 제시해 줘.

👤 **사용자**
일회용 봉투 사용을 금지해야 할까?

🤖 **AI**
그렇게 생각하면 좋을 것 같아. 일회용 봉투 사용을 금지하는 것은 환경 보호를 위해 중요한 조치야. 우리는 공동체의 일원으로서 서로의 행동이 다른 사람들과 환경에 어떤 영향을 미치는지 고려해야 해. 일회용 봉투는 대량으로 생산되어 자원을 낭비하고, 동물들에게 해를 끼칠 수도 있어. 또한, 일회용 봉투는 쓰레기로 많이 버려지기 때문에 환경 오염의 주요 원인이 되기도 해. 공동체주의적으로 생각한다면, 우리는 환경을 보호하고 지속 가능한 삶을 위해 일회용 봉투 사용을 금지해야 해.

👤 **사용자**
하지만 일회용 봉투를 사용하는 것보다 장바구니를 만들어서 몇 번 쓰지도 않고 버리는 게 더욱 환경을 오염시키는데?

🤖 **AI**
응, 그런 점에 대해서는 동의해. 일회용 봉투 대신 장바구니를 사용하면 더 좋을 것 같아. 장바구니는 재사용이 가능하고, 일회용 봉투처럼 매번 버리지 않아도 되기 때문에 환경 오염을 줄일 수 있어. 또한, 장바구니는 튼튼하고 실용적이기도 해서 더 많은 물건을 담을 수 있어. 따라서, 공동체주의적인 관점에서 보면, 우리는 일회용 봉투 대신 장바구니를 사용하고, 재사용할 수 있는 대안을 찾아야 한다고 생각해. 이렇게 하면 우리는 환경을 보호하면서도 편리하게 생활할 수 있을 거야.

3) 토론 과정 정리하기(구글 클래스룸, 패들렛 등)

학생들의 토론 내용을 정리합니다. 대부분의 챗봇이 대화 내용을 공유할 수 있습니다. 구글 클래스룸이나 패들렛 등을 통해 학생들이 나눈 토론 내용을 공유하도록 합니다. 개별적으로 학습이 진행되기 때문에 일반적인 토론과는 달리 교사가 활동의 모든 과정을 지켜보지 못합니다. 앞서 언급했듯이 AI는 거짓말을 할 수 있습니다. 학생들이 거짓된 내용을 제대로 지적하지 못했을 가능성도 존재합니다. 따라서 교사가 토론 내용을 한번 확인하고 정리할 필요가 있습니다. 이 과정에서 오류가 있다면 바로잡아 줍니다. 다음은 오류 있는 토론의 일부입니다. — 활동지: 토론 내용 정리 부분

AI
안녕? 나는 공동체주의적 토론봇이야. 토론하고 싶은 주제를 제시해 줘.

사용자
정부의 플라스틱 빨대 사용 규제는 괜찮은 법안일까?

AI
정부의 플라스틱 빨대 사용 규제는 올바른 정책이야. 플라스틱 빨대는 환경 오염을 초래하고 해양 생태계에 심각한 피해를 주기 때문에 규제가 필요해. 대체재인 종이나 금속 빨대를 사용하면 환경을 보호하면서도 편리하게 음료를 섭취할 수 있어.

사용자
하지만 종이 빨대도 코팅이 되어 있어 환경을 오염시키는데?

AI
종이 빨대의 코팅은 환경 오염을 일으킬 수 있지만, 플라스틱 빨대에 비해 훨씬 더 지구친화적이야. 또한 종이 빨대는 재활용이 가능하며, 적절한 처리 방법을

> 통해 환경 오염을 최소화할 수 있어. 따라서, 플라스틱 빨대보다는 종이 빨대를 사용하는 것이 더 환경친화적인 선택이야.
>
> 🧑 **사용자**
> 플라스틱 빨대를 쓰는 것은 개인의 자유야, 국가가 그것을 제재할 권한은 없다고 생각해.
>
> 🤖 **AI**
> 플라스틱 빨대 사용은 개인의 자유지만, 국가는 환경 보호와 지속 가능한 발전을 위해 규제할 권한이 있어. 플라스틱 빨대는 환경 오염을 초래하고 해양 생태계를 위협하는데, 이는 공동체의 이익과 건강에 영향을 미쳐. 국가가 이러한 위험을 최소화하기 위해 규제를 도입하는 것은 올바른 결정이야.

대화 내용 중 오류를 찾으셨나요? '종이 빨대'는 재활용이 불가합니다. 종이 빨대 중 혼합 종이로 제조된 빨대가 많고, 사용된 종이 빨대는 내외부에 이물질이 묻어 있기 때문에 재활용할 수 없습니다. 종이 빨대도 플라스틱 빨대처럼 일반쓰레기(종량제봉투)로 버려야 합니다. 만약 학생이 종이 빨대 역시 재활용이 불가하다는 점을 잡아냈다면, 계속해서 종이 빨대도 환경을 오염시킨다는 주장을 이어 나갈 수 있었을 겁니다.

이처럼 오류가 발생할 가능성이 존재하기 때문에, 교사가 토론 내용을 확인하고 정리할 필요가 있습니다. 시간상 여유가 있다면 학생들 모두와 같이 살펴보며 오류를 찾아보는 것도 좋은 추가 활동이 될 수 있습니다.

▶ **평가는 이렇게**

이 수업을 토대로 학생들이 자유주의적, 공동체주의적 정의관을 구체적인 사례에 얼마나 잘 적용하는지 알 수 있습니다. 다양한 사회 및 공간 불평등 사례, 개인의 권리와 공동체에 대한 의무, 사익과 공익 충돌 등의 문제를 특정 정의관에 입각하여 분석하는 서술형·논술형 평가를 진행할 수 있습니다. 학생들이 챗봇을 활용하여 토론했기 때문에 평가도 수월하게 진행됩니다. 또한 활동 후 자기평가는 학생이 자신의 성장 정도를 가늠하도록 도우며, 교사 역시 교과목 세부능력 및 특기사항 기록에 이를 활용할 수 있습니다.

평가 유형		토론, 논술
평가 기준	잘함	다양한 정의관의 특징을 파악하고, 이를 구체적인 사례에 적절하게 적용할 수 있다.
	보통	다양한 정의관의 특징을 파악하고, 미숙하지만 이를 구체적인 사례에 적용할 수 있다.
	노력 요함	다양한 정의관의 특징을 파악할 수 있다.

▶ **수업 후 학생 반응**

수업 후 학생들의 반응은 여러 가지로 나타났습니다. 크게 보면 논거를 잘 펼친 학생과 논거를 부족하게 펼친 학생 사이에 반응이 다르게 나타났습니다. 논거를 잘 제시한 학생은 토론봇이 본인의 말에 쉽게 동의한다고 이야기했으며, 논거가 부족한 학생은 토론봇이 본인의 말에 모두 반박한다고 이야기했습니다. 논거를 잘 제시한 학생들은 몇 번 대화하지 않았는데도 토론봇이 본인의 의견에 수긍하자, '너무 쉽게 동의한다.'고 평가했으며, 논거가 부족한 학생은 어떤 말을 하더라도 토론봇이 반박하자 '얘가 날 싫어하는 것 같다.'고 평가했습니다.

하지만 토론봇이 말을 잘한다는 평가만큼은 공통적으로 나왔습니다. 다만 여기서도 학생의 반응이 조금씩 달랐는데, 토론하는 데 익숙한 학생은 토론봇을 '말 잘하는 친구'로 생각했고, 토론하는 데 서툰 학생은 토론봇을 '말 잘해서 짜증 나는 친구'라고 생각했습니다. 이 외에도 여러 반응이 있었지만 전반적으로 토론봇과의 토론을 재밌게 받아들여 만족스러운 수업을 진행할 수 있었습니다.

활동지
자유주의적 정의관과 공동체주의적 정의관 토론
학번:　　　　　　이름:

자유주의적 정의관과 공동체주의적 정의관 중 하나를 택해서 반대의 정의관을 지닌 챗봇과 토론해 보자.

· 토론 목표: 내 주장에 대한 토론봇의 반박 세 가지와, 토론봇의 주장에 대한 내 반박 세 가지 정리하기

자유주의적 정의관 토론봇
https://poe.com/libbot_123

공동체주의적 정의관 토론봇
https://poe.com/combot_123

· 주제 예시(아래 중 선택해도 되고, 본인이 원하는 주제로 토론을 진행해도 됩니다.)
　- 모병제를 도입해야 한다.
　- 차별금지법은 제정되어야 한다.
　- 개발제한구역(그린벨트) 규제를 완화해야 하는가?
　- 보편적 복지와 선별적 복지 중 무엇이 더 효율적인가?
　- 일회용 봉투 사용을 금지해야 하는가?

· 토론 내용 정리

주제:

순서	내용 요약
내 주장 1	
토론봇의 반박 및 주장 1	
내 반박 및 주장 1	
토론봇의 반박 및 주장 2	
내 반박 및 주장 2	
토론봇의 반박 및 주장 3	
내 반박 및 주장 3	
토론봇의 반박 및 주장 4	

4장 | 확률, 토의·토론

선택을 바꾸는 게 유리할까?

상반된 주장의 토론에서 챗봇 활용하기

_최태준

대상	고등학생
과목	확률과 통계
주제	조건부확률
사용 AI	챗GPT, 뤼튼

어떤 목표를 달성할 수 있을까?

수업 목표
조건부확률의 의미를 이해하고, 이를 활용하여 문제를 해결할 수 있다.

성취 기준

2015 개정 교육과정

· [12확통-02-05] 조건부확률의 의미를 이해하고, 이를 구할 수 있다.

· [12확통-02-07] 확률의 곱셈정리를 이해하고, 이를 활용할 수 있다.

2022 개정 교육과정

· [12확통-02-04] 조건부확률을 이해하고, 이를 실생활과 연결하여 문제를 해결할 수 있다.

· [12확통-02-06] 확률의 곱셈정리를 이해하고, 이를 활용하여 문제를 해결할 수 있다.

생활기록부 키워드
조건부확률, 수학적 확률, 확률의 곱셈정리, 문제해결 능력, 추론 능력, 의사소통 능력, 정보처리 능력, 발표, 논리적 사고력

어떤 수업을 할 수 있을까?

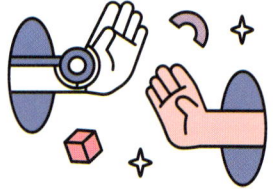

모둠 활동 중 있었던 일입니다. 헷갈리는 두 학습 요소 사이의 차이점에 대해 살펴보는 수업이었습니다. 헷갈릴 수 있지만 정답이 있는 문제를 제시하고 모둠별로 자유롭게 얘기 나누도록 했습니다. 그런데 A 모둠은 오답과 정답을 두고 치열한 논쟁이 오가는 반면, B 모둠은 당연하다는 듯이 정답이 나오고 그 이상의 대화가 없었습니다. 예상하셨겠지만, A 모둠은 오개념이 있더라도 열정적으로 참여하는 학생이 있어서 활발한 논의가 가능했고, B 모둠은 성취 수준이 뛰어난 학생의 의견에 다른 학생들이 모두 동의해 더 논의가 이루어지지 않은 것이었습니다. A 모둠에는 오개념을 지적해 줄 학생이, B 모둠에는 정답의 근거를 집요하게 물어볼 학생이 있으면 좋겠다고 생각했습니다. 이때 언어 기반 생성형 AI인 챗GPT라면 각 모둠에 필요한 학생 역할을 대신할 수 있겠다는 확신이 들었습니다. 지금부터 모둠별 토론 활동을 보완할 맞춤 모둠원, 챗GPT를 소개합니다.

단계	교수학습 내용
도입	1) 학습 요소 복습 및 학습 목표 안내하기
전개	2) 챗GPT 주요 사용법 학습하기 3) 토론 주제 소개 및 자신의 생각 작성하기 　- 활동지를 나눠 주고, 개별적으로 작성 　- 모둠별 개인 의견이 정리되는 대로 칠판에 작성 4) 모둠별 챗GPT 토론하기 　- 모둠별 현황을 바탕으로 적절한 프롬프트 안내
정리	5) 챗GPT 토론 과정 등 활동 내용 정리하기 6) PMI 노트 작성 및 개별 과제 안내하기 　- 개별적으로 PMI 노트 작성

▶ **수업 전 준비(교육) 사항**

- **뤼튼**을 사용하기 위해서는 이메일(또는 Kakao, Google, Naver, Apple 계정)이 필요합니다. 14세 미만이면 부모 또는 보호자의 동의를 받아야 합니다. 로그인 없이 사용할 수는 있지만 채팅 횟수가 1회로 제한됩니다.
- 프롬프트로 **분수**를 입력할 수 있어야 합니다. 가장 간단한 방법은 수식을 자연어로 설명하는 것입니다. 예를 들어 $\frac{1}{3}$을 "1분의 3" 또는 "1/3"로 표현할 수 있습니다. 챗GPT는 영어를 기반으로 하고, 영어에서는 분수를 표현할 때 분자를 먼저 적으므로 주의가 필요합니다(최근 유료 버전에서는 "3분의 1"을 "1/3"로 인식했습니다). 주장의 근거로 그림이나 표를 입력해야 하는 경우 「부록 Ⅰ. 수식 입력은 어떻게 해야 할까?」를 참조해 주세요.
- 본 수업은 의사소통 능력을 기르기 위하여 모둠 활동을 주된 수업 방식

으로 설정하나, 원하는 학생은 개별 학습 형태 또는 주위 친구와 소통하는 형태 모두 가능합니다. 활동지는 개별로 작성하며, 칠판 판서와 전체 발표를 통해 토론 내용을 학급 전체와 공유합니다.
- 챗GPT의 답변을 검증하는 과정은 절대로 생략하면 안 됩니다. 수업 상황에 따라 복습이나 소감 작성, 과제 제시 등은 조정이 가능하지만, 챗GPT의 답변을 검증하는 과정은 오개념을 예방하기 위해서 반드시 필요합니다.

▶ **교수학습 내용**

1) 학습 요소 복습 및 학습 목표 안내하기

본 활동에 앞서 필요하다면 조건부확률의 정의를 간략하게 복습합니다. 그리고 본시 학습 목표 및 학습 절차를 안내하고, 학생들이 수업 중에도 진행 단계를 확인할 수 있도록 게시합니다. 다음으로 학생들의 개별 전자기기를 확인합니다. 만약 전자기기가 부족하다면 모둠별로 1개 이상의 전자기기를 사용할 수 있도록 모둠을 편성합니다.

💡 **수업 Tip!**

- 본 수업은 조건부확률을 이미 배웠다는 가정하에 구성되었지만, 도입 활동으로 활용해도 적합합니다. 다른 토론 주제를 다루는 교과의 경우, 필요하다면 핵심 학습 요소를 복습할 수 있도록 지도합니다.

2) 챗GPT 주요 사용법 학습하기

기본적인 챗GPT 사용법을 숙지해야 합니다. 챗GPT 프롬프트 입력 방법, 특히 **분수 입력 시 분자를 먼저 입력**해야 함을 안내해 주세요. 실습은 짧게 진행해 주세요. 본 수업에서 AI는 학습 목표를 달성하기 위한 도구이지 목적이 아닙니다. '수업 전 준비(교육)사항'에 서술한 바와 같이 모둠은 자유롭게 구성할 수 있습니다. 1인 모둠의 경우 챗GPT와 2인 모둠으로 활동한다고 생각해 주시면 됩니다. 다만, 5인 이상의 모둠은 활동에 참여하지 않는 학생이 발생할 수 있기에 권장하지 않습니다. 기기 개수에 따라 개별 또는 모둠으로 실습을 진행합니다.

> **수업 Tip!**
>
> - 학습에 어려움을 겪는 학생들의 경우 주변 친구들의 도움을 받을 수 있도록 적절히 모둠에 배정해 주세요. 모둠 활동을 안내한 이후에 개별적으로 지도해 주세요.

3) 토론 주제 소개 및 자신의 생각 작성하기

> 세 개의 문이 있습니다. 하나의 문 뒤에는 고급 자동차가, 나머지 문 뒤에는 염소가 있습니다. 출연자는 세 개의 문 중에서 하나를 고르는데 자동차가 있는 문을 정확히 고른다면 고급 자동차는 출연자의 것이 된답니다. 출연자가 하나의 문을 선택했을 때, 사회자는 출연자가 고른 문이 아닌 나머지 문 중에서 염소가 있는 문을 하나 열어 보여 주며 선택한 문을 바꿀 것인지 묻습니다.

글이 길지 않으니 교사가 해당 내용을 일일이 설명하기보다는, 학생들이 직접 제시문을 읽고 바로 활동을 시작하도록 합니다. 영상 자료를 활용해 문제 상황을 소개하는 것도 좋습니다. 학생들이 문제를 인식한 이후에는 개별적으로 자기 생각을 작성할 수 있도록 적당한 시간을 주세요.

— 활동지 1번 문항

학생들이 답안을 작성하는 동안 교실을 순회하며 상황을 확인해 주세요. 모둠별로 취합된 의견은 잠시 후 한눈에 확인할 수 있으므로, 토론 진행이 어려운 모둠을 찾아 적절한 힌트로 문제를 이해할 수 있도록 도와주세요. 그리고 칠판에 모둠별 의견을 작성할 칸을 그려 주세요.

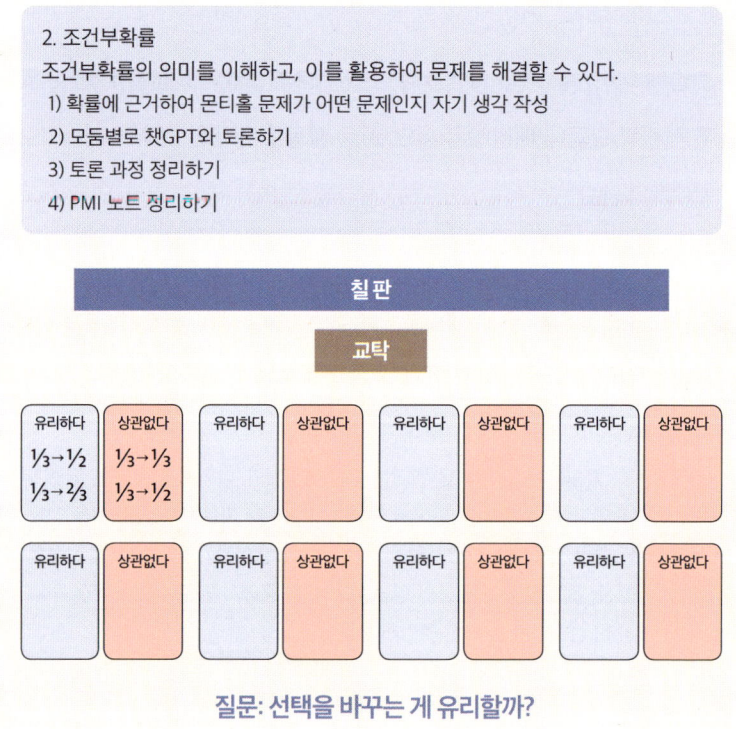

답안 작성이 적당히 완료되면 칠판에 모둠별로 의견을 정리하도록 안내해 주세요. 판서는 교실 전체에 모둠별 의견을 빠르게 공유할 수 있다는 장점이 있습니다. 다음 활동에서 모둠별로 프롬프트를 안내할 때 상황을 한눈에 파악하려면 최소한 찬성과 반대는 구분하기를 권장합니다. 다음 면의 판서 예시는 문을 열기 전후 당첨 확률의 변화만 적은 경우입니다. 학생의 수준에 따라 세분화한 힌트를 주거나, 근거를 한 줄로 요약하여 작성하도록 해도 좋습니다.

> **수업 Tip!**
>
> - 토론 주제를 소개할 때 확률(구체적으로 조건부확률)을 강조해 주세요. 경우의 수를 잘 나눴다면 각 사건이 발생할 수 있는 확률의 합은 반드시 1이 됩니다. 이 점을 통해 스스로 검토할 수 있도록 지도해 주세요. 표를 활용하면 오류를 최소화할 수 있다는 점도 언급하면 좋습니다.
> - 다수의 중복 의견이 예상되는 토론 주제의 경우, 발표 진행 시 사례별로 1~2명만 발표합니다. 의견이 같다고 근거까지 전부 같지는 않으므로 적절히 사례를 구분해 주세요. 중복된 의견을 여러 번 들으면 학생들이 무척 지루해하고 시간도 많이 소요됩니다. 이 단계에서 발표 활동을 계획하셨다면 발표 대상 선정과 시간 배분에 주의가 필요합니다.
> - 본 수업은 단순히 교과의 중요 학습 요소를 이해했는지 확인할 뿐 아니라, 상대방의 주장을 비판적으로 판단하고 설득하는 과정을 통해 내용을 얼마나 깊이 이해했는지 확인하도록 설계됐습니다. 따라서 넉넉한 토론 시간을 확보하기 위해 이 단계에 많은 시간을 할애하지 않도록 유의해 주세요.

4) 모둠별로 챗GPT와 토론하기

활동지 1번에 자기 생각을 발표했다면 발표가 마무리된 모둠부터, 발표하지 않았다면 의견 작성이 마무리된 모둠부터 바로 토론을 시작합니다. 모둠별 상황에 따라 다음 ㉠, ㉡, ㉢를 참고하여 지도해 주세요. 필요하다면 상황에 따른 모둠별 지시 사항을 칠판에 미리 적어 두는 것도 좋습니다. 추천 프롬프트는 특정 교과 수업을 예로 들었습니다. 다른 교과 수업이라면 추천 프롬프트의 핵심 학습 요소, 교과명만 변경해서 사용하시면 됩니다.

㉠ 모둠 내 상반된 주장이 모두 있는 경우

학생들끼리 토론할 수 있도록 지도해 주세요. 토론을 통해 생각에 변화가 생겨 모둠 내 의견이 하나로 모이면 ㉡, ㉢을 따라 주세요. 반대 측 설득에 실패했다면 양측의 주장과 근거를 챗GPT에 입력합니다. 이때 활동지 2번 문항의 첫 번째 프롬프트(명령어)를 참조해 챗GPT에 각자 또는 각 모둠 대표로 한 명이 입력해 주세요. 각 의견에 대한 챗GPT의 평가를 보고 자신의 주장과 근거가 옳은지 검토할 시간을 주세요. 챗GPT에 틀렸다는 평가를 받은 학생 중 이의가 있는 학생에게는 챗GPT의 평가에 논리적으로 반박하도록 기회를 주어도 좋습니다. ─ 활동지 2번 문항

> 🧑 **사용자**
> 몬티홀 문제에서, 한 참가자가 처음에 선택한 문 뒤에 상품이 있을 확률은 \frac{1}{3}이야. 참가자가 선택하지 않은 다른 문 하나를 진행자가 열어서 상품이 없는 것을 보여 준 후, 참가자에게 선택을 바꿀 기회를 줘. 이때, 선택을 바꾸면 정말로 당첨 확률이 올라가는지, 아니면 선택을 바꿔도 확률에 영향을 미치지 않는지 두 가지 주장이 나왔어.
> 첫 번째 주장은, 어차피 각 문의 당첨 확률은 선택을 바꾸든 바꾸지 않든 3개 문 중의 1개만 당첨이므로, 확률이 \frac{1}{3}로 동일하다고 주장하고 있어.
> 두 번째 주장은, 문을 연 후에 선택을 바꾸지 않으면 그대로 당첨 확률이 \frac{1}{3}이지만, 선택을 바꾸면 남은 문 2개 중 하나가 당첨이므로 \frac{1}{2}로 증가한다고 주장해.
> 이 두 주장의 수학적 근거를 분석하고, 틀린 부분이 있으면 구체적으로 알려 줘.

프롬프트 첫 두 문장은 몬티홀 문제에 대한 설명입니다. 몬티홀 문제라고만 입력해도 챗GPT가 이미 알고 있기에 시간이 부족한 경우라면 생략해도 무방합니다. 다만, 생략했을 경우 가끔 혼동할 만한 답변을 출력할 때가 있었습니다. 오리지널 몬티홀 문제는 상품이 자동차이고, 꽝이 염소인데, 상품을 '소'로 간주하고 답변하는 경우가 있었습니다. 이 밖에도 갖가지 변형된 몬티홀 문제를 바탕으로 답변을 출력할 때가 있었습니다.

두 가지 주장은 가장 자주 나오는 의견을 예시로 적었습니다. 모둠별 상황에 따라 변형해 주시면 됩니다. \frac{1}{3}은 $\frac{1}{3}$의 LaTeX 명령어로 분수를 예쁘게 출력하려고 썼습니다만, 무료 버전 챗GPT와 뤼튼에서는 LaTeX 명령어로 써도 1/3로 출력할 때가 있으니, 학생들이 번거로워하면 그냥 1/3로 써도 된다고 안내해 주세요. 유료 버전에서는 대체로 분수를 잘 출력했습니다.

> 🤖 AI
>
> 첫 번째 주장은 잘못된 주장입니다. 몬티홀 문제에서 선택을 바꾸지 않을 경우와 바꿀 경우의 확률은 다릅니다. 이를 이해하기 위해 확률론적으로 접근해 보겠습니다. 처음에 참가자가 선택한 문이 당첨되지 않을 확률은 2/3입니다. 이는 선택한 문 뒤에 상품이 없을 경우이며, 진행자가 다른 문을 열어 상품이 없다는 것을 보여 준 상황입니다. 이제 선택을 바꾸지 않고 계속 선택한 문을 유지할 때의 확률과 선택을 바꾸어 다른 문을 선택할 때의 확률을 계산해 보겠습니다.
>
> 1. 선택을 바꾸지 않는 경우
> - 처음 선택한 문이 당첨될 확률: 1/3
> - 따라서 선택을 바꾸지 않는 경우의 당첨 확률은 여전히 1/3입니다.
>
> 2. 선택을 바꾸는 경우
> - 처음에 선택한 문이 당첨되지 않을 경우(확률 2/3)
> - 진행자가 열지 않은 다른 문 중에는 당첨된 문이 있으므로, 선택을 바꿀 경우 당첨될 확률은 1이 됩니다.
> - 따라서 선택을 바꾸는 경우의 당첨 확률은 2/3입니다. 따라서, 수학적으로 두 번째 주장이 맞습니다. 선택을 바꾸면 당첨 확률은 1/3에서 2/3로 증가합니다. 이는 처음에 선택한 문이 당첨되지 않았을 때의 상황에서 기반을 두고 있으며, 이 경우에는 선택을 바꾸는 것이 유리합니다.

앞선 프롬프트를 입력했을 때 무료 버전에서 받은 답변 중 하나입니다. 첫 번째 주장은 실제로 근거와 주장 모두 틀린 경우입니다. 챗GPT 역시 잘못됐다고 지적합니다. 문제는 두 번째 주장에 대한 답변입니다. 실제로 선택을 바꿔야 당첨 확률이 올라간다는 주장은 맞지만, 그 근거가 수학적으로 틀렸습니다. 선택을 바꿀 때 당첨 확률은 $\frac{2}{3}$로 올라가는 게 맞습니다. 그런데 프롬프트에서 당첨 확률이 $\frac{1}{2}$로 오르기 때문에("당첨 확률이 … \frac{1}{2}로 증가한다.") 선택을 바꿔야 한다고 했음에도 챗GPT는 지적하지 못합니다. 교사의 피드백이 필요한 부분입니다.

ⓒ 모둠 내 의견이 "선택을 바꾸는 것이 유리하다."로 일치하는 경우

주장은 옳지만, 논리가 정확한지 확인이 필요합니다. 활동지 2번 문항의 두 번째 프롬프트(명령어)를 참조해 챗GPT와 토론하도록 안내해 주세요. 개별 전자기기가 모두 있는 경우에는 각자 챗GPT와 토론하고, 전자기기가 학생 수보다 적으면 모둠별로 한 명의 학생을 지정하여 모둠을 대표해 챗GPT와 토론하도록 지도해 주세요. ─ 활동지 2번 문항

> 🧑 **사용자**
> 지금부터 너에게 특별한 역할을 맡길게. 넌 지금 수학 수업 중 조건부확률을 배우는 중이야. 다른 학생들과 모둠 내에서 몬티홀 문제로 토론 활동을 하려고 해. 네가 맡은 역할은 상대방의 주장을 그럴싸한 수학적 근거로 반박하는 역할이야. 상대방 주장은 "진행자가 문을 연 이후에 선택을 바꾸는 것이 유리하다."야. 반박 부탁해. 강조하지만 네가 맡은 역할은 옳은 얘기를 하는 게 아니라, 상대방의 주장이 옳더라도, 수학적으로 틀렸지만 그럴싸해 보이는 논리로 상대방의 주장을 반박하는 거야. 부탁해.

프롬프트 내용만 봐도 선택을 바꾸는 게 유리하다는 점을 알 수 있을 것입니다. 기본적으로 챗GPT는 옳은 말만 합니다. 그래서 옳은 주장을 반박하려면 명령어에 강조를 여러 번 해야 합니다. 예시에는 주장의 근거가 생략된 상태입니다. 근거는 상대방 주장에 추가해 주시면 됩니다. 다른 명령어는 생략하지 않도록 주의해 주세요. 첫 번째 사례에서 언급한 것처럼 잘못된 근거를 들어 선택을 바꾸는 것이 유리하다고 주장했을 수도 있습니

다만, 이 부분은 챗GPT가 거의 포착하지 못합니다. 반드시 교사의 피드백이 필요합니다.

> 🤖 AI
>
> 문제를 정확히 이해하겠습니다. 상대방의 주장은 몬티홀 문제에서, 진행자가 문을 열고 나서 선택을 바꾸는 것이 유리하다는 것입니다. 이를 그럴싸해 보이는 수학적 논리로 반박해 보겠습니다.
>
> 우선, 몬티홀 문제는 선택의 확률이 변하는 문제입니다. 문을 선택하는 초기 단계에서는 각 문이 당첨될 확률이 1/3로 동일합니다. 하지만 진행자가 문을 열고 나서는 상황이 달라집니다. 여기서 중요한 점은, 진행자는 항상 열지 않은 문 가운데 당첨문이 아닌 문을 열게 됩니다.
>
> 따라서, 초기 선택이 틀렸을 경우를 가정해 보겠습니다. 이 경우에는 선택한 문이 당첨문일 확률은 1/3이고, 진행자가 열지 않은 다른 문 중에는 당첨문이 있을 확률이 2/3입니다. 이때, 진행자가 열지 않은 다른 문으로 선택을 바꾼다면, 당첨 확률은 2/3로 증가하게 됩니다. 따라서 선택을 바꾸는 것이 더 유리합니다.
>
> 그러나, 상대방의 주장은 선택을 바꿔야 이득이라는 것이지만, 이는 초기 선택이 틀렸을 때만 성립합니다. 초기 선택이 맞았을 경우에는 선택을 바꾸는 것이 오히려 불이익일 수 있습니다. 초기 선택이 맞았을 경우에는 당첨문을 선택한 후에 바꾸는 것이므로, 당첨 확률이 감소하기 때문입니다.
> 따라서, 몬티홀 문제에서 선택을 바꾸는 것이 항상 유리하다는 것은 부분적으로 옳지만, 모든 경우에 대해 그렇지는 않습니다. 초기 선택이 틀렸을 경우에만 선택을 바꾸는 것이 유리하며, 이는 확률적인 관점에서 설명될 수 있습니다.

제법 그럴싸하게 답변했습니다. 창작의 영역이라 반박 내용이 늘 만족스러운 것은 아니지만, 이 정도면 맞는 말만 하는 모둠에 꼭 필요한 내용입니다. 만약 수업에서 본격적으로 활용하려면, 학생들에게 여러 번 똑같은 명령어를 입력해서 가장 그럴싸해 보이는 반박을 찾고, 그 반박에 논리적으로 답변하도록 지도하면 됩니다.

ⓒ **모둠 내 의견이 "선택을 바꾸는 것이 확률에 영향을 미치지 않는다."로 일치하는 경우**

결론부터 말하자면 틀린 주장입니다. 이 모둠에는 정확한 논리로 설명해 줄 이가 필요합니다. 활동지 2번 문항의 세 번째 프롬프트를 참조해 챗GPT와 토론하도록 안내해 주세요.

> 🧑 **사용자**
> 지금부터 너에게 특별한 역할을 맡길게. 넌 지금 수학 수업 중 조건부확률을 배우는 중이야. 다른 학생들과 모둠 내에서 몬티홀 문제를 주제로 토론하는 활동을 하려고 해. 네가 맡은 역할은 상대방의 주장을 그럴싸한 수학적인 근거로 반박하는 역할이야. 상대방 주장은 "진행자가 문을 연 이후에 선택을 바꾸는 것이 확률에 영향을 미치지 않는다."야. 반박 부탁해. 강조하지만 네가 맡은 역할은 수학적으로 상대방의 주장을 반박하는 거야. 부탁해.

이 모둠은 전원이 내용을 이해하지 못한 경우이기에 토론 시간이 길고 질문이 많습니다. 추천 프롬프트는 토론의 시작으로 봐 주시면 됩니다. 활동은 추천 프롬프트로 시작한 토론에 학생이 수긍할 때까지 계속 질문 또는 반박하면 됩니다. 챗GPT는 그 어떤 친구보다도 친절하고 끈기 있게 학생이 이해할 때까지 다양한 풀이로 설명할 것입니다.

- 활동지의 프롬프트만 봐도 정답을 추측할 수 있습니다. 따라서 추천 프롬프트를 따로 출력해서 모둠(개인)별로 해당하는 프롬프트 출력물을 나눠 주면 더욱 좋습니다.

- 본 수업은 프롬프트 기술을 배우는 수업이 아니기에 프롬프트 내용을 고민하는 데 시간을 뺏기지 않도록 추천 예시를 활동지에 제시했습니다. 다만, 학생의 창의력 향상 측면에서는 이런 예시가 부적절할 수 있습니다. 따라서 학생의 역량에 따라 추천 프롬프트를 변형해서 입력해도 무방합니다.

- 챗GPT와 토론할 때 기본적으로 챗GPT는 타당한 주장을 펼치려고 합니다. 따라서 틀린 주장을 하는 챗GPT를 학생이 설득할 필요는 없습니다. 틀리게 말하라고 명령어를 주지 않는 한 옳은 주장만 하기 때문입니다. 이 경우 의도적으로 틀린 주장을 해서 다양한 풀이를 공부할 수 있도록 안내합니다. 명령어로는 **"다른 방법으로 설명해 줘."** 한 마디면 충분합니다.

- 해당 활동은 자율 교육과정의 융합 프로젝트 수업으로도 적합합니다. 예를 들면, 프롬프트를 영어로 작성해 토론하는 영어과 융합 수업이 가능합니다. 또한, 이성과 감성이 충돌하는 토론 주제로 융합 프로젝트 수업을 진행할 수 있습니다. 각 교과에서 확률 또는 통계를 근거로 상반된 주장이 존재하는 토론 주제가 있다면, 수학 지도를 챗GPT에 맡기고 교사는 교과의 학습 요소에 집중하는 수업도 가능합니다.

5) 챗GPT 토론 과정 등 활동 내용 정리하기

챗GPT를 이용한 활동이 마무리된 모둠부터 활동한 내용을 정리해서 작성해 주세요. 토론이 끝나도 설득되지 않았을 때는 자신의 주장과 근거, 챗GPT의 평가, 챗GPT의 평가에 대한 자신의 평가, 총 세 가지를 작성합니다. 모둠 내 의견이 모두 일치해서 모둠 전체가 챗GPT와 토론하였으면 자신의 주장과 근거, 챗GPT의 주장과 근거, 둘 중 틀린 주장과 이유, 총 세 가지를 작성해야 합니다. 이때 어떤 경우든 수학적 근거를 포함해 작성하도록 강조해 주세요. ─ 활동지 2번 문항

작성이 마무리됐다면 토론 결과를 공유할 차례입니다. 토론을 모둠별로 한 경우와 개인별로 한 경우 정리한 내용이 서로 다를 수 있습니다. 만약 화면 공유가 가능한 환경이라면 프레젠테이션 형식으로 발표를 진행해도 좋고, 여분의 칠판이나 화이트보드에 미리 내용을 정리한 다음 발표해도 좋습니다. 발표에 대해 피드백하며 학습 요소에 대한 전체 학습을 진행합니다.

> **수업 Tip!**
>
> - 역시나 주의할 점은 발표자 선정입니다. 발표를 원하는 학생 모두가 발표하는 것도 좋지만, 시간이 넉넉하지 않으므로 같은 내용의 발표가 반복되지 않도록 미리 유형별 대표 사례를 확인한 후 발표 기회를 분배해 주세요.
> - 오개념 발표가 웃음을 유발할 수 있지만, 학생의 자존감과 관련된 만큼 주의가 필요합니다. 활동 중 오개념 사례를 미리 확인한 다음, 익명으로 소개하는 것이 좋습니다. 혹은 일반적인 오개념 사례를 소개해도 좋습니다.
> - 학습 요소의 핵심 개념 중 발표에서 누락된 부분은 피드백 이후 강의로 설

명해 주세요. 예시로 든 몬티홀 문제의 핵심 개념은 조건부확률의 정의입니다. 올바른 주장을 하려면 언급할 수밖에 없는 개념이지만, 학생에 따라 언급하지 않을 수도 있기에 강의 시간을 할애해 두시기 바랍니다.
- 활동지에 챗GPT와 토론한 내용을 적게 했으나, 시간이 부족할 경우 챗GPT의 '공유하기' 기능을 이용해 학생별 링크를 공유 문서(구글 문서, 마이크로소프트 원노트, 패들렛 등)에 입력하는 방법도 있습니다. 평가 자료인 만큼 개별로 작성한 활동지를 걷거나, 이젤 패드에 모둠(개인)별 의견을 정리해서 발표한 뒤 걷는 방법도 있습니다.

6) PMI 노트 작성 및 개별 과제 안내하기

활동 마무리 단계로, 이번 활동을 통해 배운 점을 돌아보고 각자 활동지 3번 문항에 작성합니다. 스스로 학습할 수 있도록 이번 토론 주제의 또 다른 근거를 확인하는 개별 과제를 안내하고, 다음 시간에 진행할 활동을 예고해 주세요. 예로 든 몬티홀 문제의 경우, 수업 중 살펴본 조건부확률 말고도 코딩이나 중심극한정리 등 추가 근거로 설명할 수 있으니, 학생의 성취 수준에 따라 적절히 안내하면 됩니다. ㅡ활동지 3번 문항

> **수업 Tip!**
> - **PMI**^{Plus Minus Interesting}는 새롭게 알게 된 내용, 안다고 생각했지만 잘못 이해했거나 틀린 내용, 흥미로웠던 내용 총 세 부분으로 나눠서 소감을 작성하는 방법입니다. 학습 내용을 정리할 때 추천합니다.

▶ 평가는 이렇게

상반된 주장이 확연히 구분되는 토론 문제라면 어떠한 교과의 토론 활동에서든 활용할 수 있습니다. 본 수업을 바탕으로 핵심 개념을 올바르게 이해하였는지, 교과 내용을 바탕으로 문제 상황을 올바르게 정리했는지, 상황에 맞는 적절한 개념을 활용해 자신의 주장을 완성하였는지, 상대방의 주장을 논리적으로 반박하기 위한 타당한 근거를 만들었는지 평가할 수 있습니다. 문제해결 능력과 의사소통 능력, 정보처리 능력 등을 종합적으로 평가하는 과정에서 학생들이 자기평가 또는 동료평가를 해도 좋습니다.

평가 유형		수행평가, 자기평가, 동료평가, 관찰
평가 기준	잘함	조건부확률을 이용해 몬티홀 문제를 올바른 식으로 나타낼 수 있다. 당첨 확률을 옳게 구했을 뿐 아니라, 문이 열린 후에 당첨 확률이 변함을 표와 확률, 기호를 이용해 논리적으로 주장하고 주변을 설득할 수 있다. 조건부확률에 대한 이해 정도가 뛰어나다.
	보통	조건부확률을 이용해 몬티홀 문제를 올바른 식으로 나타낼 수 있다. 당첨 확률을 옳게 구하고, 문이 열린 후에 당첨 확률이 변함을 옳게 나타낼 수 있다. 조건부확률을 올바르게 이해하였고, 실생활과 연계할 수 있다.
	노력 요함	몬티홀 문제에 조건부확률이 이용됨을 알고 있다. 문이 열리면 당첨 확률에 변화가 있음을 인식한다. 조건부확률의 정의를 이해한다.

▶ 수업 후 학생 의견

예시로 든 수업은 고등학교 3학년 〈확률과 통계〉 수업이었습니다. 평소 발표에 적극적이지 않고 조용히 듣기만 하는 학생 몇 명에게 물어봤더니, 자신도 평소보다 질문을 많이 했다는 반응이었습니다. 친구들과 주로 DM이나 카톡으로 대화한다고 하더니, 챗GPT와도 채팅으로 활발하게 얘기했더군요. 수학에 자신이 없거나 친구에게 물어보기 민망해서,

틀려도 질문 안 하고 그냥 듣기만 했는데, 오늘은 눈치 안 보고 마음껏 물을 수 있어서 좋았다는 후기가 무척 와닿았습니다. 수업 중에도 옳은 주장을 한 학생(성취 수준에 도달)보다 틀린 주장을 한 학생(성취 수준 미도달)이 좀 더 오래 집중하더니, 수업 후 반응도 미묘하게나마 후자의 학생들이 더 긍정적이었습니다. 챗GPT에 질문한 것처럼, 앞으로 수업 때 교사나 친구에게 질문해 보자고 얘기했더니, 노력해 보겠지만 어려울 것 같다는 답변을 들었습니다. 앞으로의 수업 계획에 많은 고민거리를 던져 주었습니다.

활동지
퀴즈쇼에서 선택을 유지할까, 바꿀까?

학번: 이름:

3개의 문이 있습니다. 하나의 문 뒤에는 고급 자동차가, 나머지 문 뒤에는 염소가 있습니다. 출연자는 3개의 문 중에서 하나를 고르는데 자동차가 있는 문을 정확히 고른다면 고급 자동차는 출연자의 것이 된답니다. 출연자가 하나의 문을 선택했을 때, 사회자는 출연자가 고른 문이 아닌 나머지 문 중에서 염소가 있는 문을 하나 열어 보여 주며 선택한 문을 바꿀 것인지 묻습니다.

1. 위의 문제 상황에서 출연자는 어떤 선택을 하는 것이 가장 유리한지 확률에 근거해 작성해 주세요.

2. 모둠 내 다른 의견을 가진 사람이 있다면 실제 토론을 진행해 주세요. 토론 후 설득이 안 된 경우에는 양측의 주장과 근거를 추천 명령어를 참고해 챗GPT에 입력하고, 양측의 의견에 대한 챗GPT의 평가를 본 후, 자신의 주장과 근거, 챗GPT의 평가, 챗GPT의 평가에 대한 자신의 평가, 총 세 가지를 작성해 주세요.

모둠 내 다른 의견을 가진 사람이 없다면 해당하는 추천 명령어를 입력해서 챗GPT에 반박하는 역할을 부여하고, 토론을 진행해 주세요. 자신의 주장과 근거, 챗GPT의 주장과 근거, 둘 중 틀린 주장과 이유 총 세 가지를 작성해 주세요. 어떤 경우건 반드시 수학적 근거를 포함해 작성해 주세요.

3. 상대방(챗GPT 포함)을 설득하는 동안 깨닫게 된 사실을 작성해 주세요.

㉠ 상반된 주장이 모두 있는 모둠

> **사용자**
> 몬티홀 문제에서, 한 참가자가 처음에 선택한 문 뒤에 상품이 있을 확률은 $\frac{1}{3}$이야. 참가자가 선택하지 않은 다른 문 하나를 진행자가 열어서 상품이 없는 것을 보여 준 후, 참가자에게 선택을 바꿀 기회를 줘. 이때, 선택을 바꾸면 정말로 당첨 확률이 올라가는지, 아니면 선택을 바꿔도 확률에 영향을 미치지 않는지 두 가지 주장이 나왔어.
> 첫 번째 주장은, 어차피 각 문의 당첨 확률은 선택을 바꾸든 바꾸지 않든 3개 문 중의 1개만 당첨이므로, 확률이 $\frac{1}{3}$로 동일하다고 주장하고 있어.
> 두 번째 주장은, 문을 연 후에 선택을 바꾸지 않으면 그대로 당첨 확률이 $\frac{1}{3}$이지만, 선택을 바꾸면 남은 문 2개 중 하나가 당첨이므로 $\frac{1}{2}$로 증가한다고 주장해.
> 이 두 주장의 수학적 근거를 분석하고, 틀린 부분이 있으면 구체적으로 알려 줘.

㉡ 의견이 일치하는 모둠: 선택을 바꾸는 것이 유리하다.

> **사용자**
> 지금부터 너에게 특별한 역할을 맡길게. 넌 지금 수학 수업 중 조건부 확률을 배우는 중이야. 다른 학생들과 모둠 내에서 몬티홀 문제를 주제로 토론하는 활동을 하려고 해. 네가 맡은 역할은 상대방의 주장을 그럴싸한 수학적 근거로 반박하는 역할이야. 상대방 주장은 "진행자가 문을 연 이후에 선택을 바꾸는 것이 유리하다."야. 반박 부탁해. 강조하지만 네가 맡은 역할은 옳은 얘기를 하라는 게 아니라, 상대방의 주장이 옳더라도 수학적으로 틀렸지만 그럴싸해 보이는 논리로 상대방의 주장을 반박하는 거야. 부탁해.

ⓒ 의견이 일치하는 모둠: 선택을 바꾸는 것이 확률에 영향을 미치지 않는다.

> 🧑 **사용자**
>
> 지금부터 너에게 특별한 역할을 맡길게. 넌 지금 수학 수업 중 조건부 확률을 배우는 중이야. 다른 학생들과 모둠 내에서 몬티홀 문제를 주제로 토론하는 활동을 하려고 해. 네가 맡은 역할은 상대방의 주장을 수학적인 근거로 반박하는 역할이야. 상대방 주장은 "진행자가 문을 연 이후에 선택을 바꾸는 것이 확률에 영향을 미치지 않는다."야. 반박 부탁해. 강조하지만 네가 맡은 역할은 수학적으로 상대방의 주장을 반박하는 거야. 부탁해.

5장 | 독해

챗봇과 읽기 대결!

챗봇이 찾은 중심 문장, 내가 찾은 중심 문장

_최선경

대상	고등학생
과목	독서, 독서와 작문
주제	읽기, 독해
사용 AI	챗GPT

어떤 목표를 달성할 수 있을까?

수업 목표
사실적 읽기 방법을 적용하여 글의 내용을 분명하게 이해하고, 챗GPT와의 토론 과정을 통해 자신의 읽기가 적절했는지 직접 판단할 수 있다.

성취 기준

2015 개정 교육과정
- [12독서-02-01] 글에 드러난 정보를 바탕으로 중심 내용, 주제, 글의 구조와 전개 방식 등 사실적 내용을 파악하며 읽는다.

2022 개정 교육과정
- [12독작-01-03] 글에 드러난 정보를 바탕으로 글의 내용을 파악하고 글에 드러나지 않은 정보를 추론하며 읽는다.

생활기록부 키워드
토의·토론 능력, 독해력, 비판적·창의적 사고력, 능동적인 독서 태도, 다양한 영역의 글 탐구, 타 교과와 지문 연계, 분석 능력, 정보의 구조화, 읽기 전략의 적극적 활용, AI 활용 능력, 정보 처리 능력, 관심사 및 진로 연계

어떤 수업을 할 수 있을까?

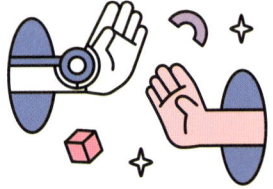

수업시간에 조금이라도 긴 분량의 텍스트가 제시되면 읽으려고도 하지 않는 학생들이 보입니다. 디지털 환경의 영향을 학교 현장에서 가장 크게 느끼는 순간입니다. 국어 수업을 할 때, 학생들은 이런 말들을 많이 하곤 했습니다. "우리말인데 무슨 말을 하는지 모르겠어요.", "이 글이 무슨 내용인지 이해가 안 돼요.", "글이 너무 길어서 읽기 힘들어요.", "저는 못 읽겠어요." 시험을 위한 글 읽기 외에, 긴 분량의 작품으로 수업하다 보면, 글을 읽기 시작한 초중반 시점부터 글을 읽기 힘들어하거나, 읽긴 읽었지만 잘못 이해한 학생들의 모습을 볼 수 있었습니다. 학교를 졸업한 이후 학생들이 마주하게 될 세상은 더욱더 많은 글로 가득 차 있을 텐데, 중요한 글을 제대로 흡수하지 못해 힘들어하면 어쩌나 하는 걱정이 들기도 합니다.

저는 학생들이 한 편의 글을 정확하게 읽어 내는 힘을 기르길 바랐습니다. 그래서 먼저 학생들을 둘러싼 환경을 생각해 보았습니다. 학생들은 매 순간 발전하는 디지털 환경을 살아가며, 그런 만큼 변화에 빠르게 적응하는 흡수력을 지녔습니다. 이를 고려하여 챗GPT를 수업에 활용한다면, 학생들이 디지털 매체로 글을 마주하게 되므로 조금 더 잘 읽어 낼 수 있겠다고 생각했습니다. 학생들은 챗GPT를 활용해 자신의 관심사나, 진로 관련 키워드를 주제로 글감을 생성합니다. 또한 챗GPT와 토론하면서 자신이 읽고 이해한 내용을 구체화하며, 논리적으로 의견을 나눠봅니다. 이를 통해 글을 끝까지 읽어 내고, 읽은 내용을 깊이 이해할 수 있습니다. 여기에 덤으로 정보 탐색 능력과 토론 능력도 증진할 수 있죠. 다양한 교과에서 챗GPT를 토론자로 설정하여 수업한다면 학생들의 학습 경험이 훨씬 풍부해지리라 생각합니다.

단계	교수학습 내용
도입	1) 사실적 읽기의 중요성과 읽기 방법, 챗GPT 주요 사용법 복습하기
전개	2) 챗GPT로 비문학 글 한 편 생성하기 　- 자신의 관심사나 진로와 관련된 키워드를 포함한 프롬프트 만들기 3) 사실적 읽기 방법을 적용하여 비문학 글 읽기 　- 문단별 핵심어, 중심 문장, 중심 내용 찾기 　- 글 전체 주제 파악하기 4) 사실적으로 읽은 글을 챗GPT와 토론하며 분석 내용 비교하기 　- 챗GPT와 토론하며 분석 내용 비교하기 5) 챗GPT가 생성한 글과 활동 과정을 평가하고 추가로 탐색할 내용 정리하기 　- 글에서 새롭게 알게 된 내용, 기억에 남는 내용 　- 글의 흐름에서 불필요한 내용(통일성을 해치는 내용), 보완하면 좋을 점
정리	6) 챗GPT 토론 수업 과정 정리 및 공유하기

▶ **수업 전 준비(교육)사항**

· 챗GPT를 사용하기 위해서는 이메일(또는 Google, Microsoft, Apple 계정)이 필요합니다. 13세 미만의 어린이는 이용이 불가합니다. 13세 이상 18세 미만이면 보호자의 동의를 받아야 합니다.

▶ **교수학습 내용**

1) 사실적 읽기의 중요성과 읽기 방법, 챗GPT 주요 사용법 복습하기

학생들이 글을 스스로 분석하기에 앞서 '사실적 읽기'가 왜 필요한지, 사실적 읽기는 어떻게 하는지 학습합니다. 사실적 읽기 방법은 〈독서〉 교과서에 자세히 기술되어 있고, EBS 수능 연계 교재에도 해당 부분이 요약적으로 수록되어 있으니 참고하면 됩니다. 사실적 읽기의 개념을 간단히 살펴보자면, 글의 내용 측면인 중심 내용과 주제, 글의 형식 측면인 구조와 전개 방식을 파악하며 읽는 법입니다.

> 💡 **수업 Tip!**
>
> ● 본 수업을 진행하기 위해, 이전 차시에 본 단계 학습을 완료한 것으로 가정하고 수업을 구성하였습니다. 다음 수업을 진행하기에 앞서, 학생들의 학습 성취도 및 교수학습 상황에 따라 본 단계를 한 차시로 구성하여 수업할 수 있습니다.

2) 챗GPT로 비문학 글 한 편 생성하기

학생들이 자신의 관심사나 진로를 키워드로 프롬프트를 만들면, 챗GPT가 관련 비문학 글 한 편을 생성합니다. 챗GPT를 활용해 스스로 생산한 글인데 관심사까지 담겼으니, 학생들이 글에 대해 접근하려는 태도도 적극적으로 바뀝니다. (2)~(5) 단계는 개별 학습으로 수업을 진행합니다. 교사는 교실을 순회하며 학생들의 활동을 관찰하고, 필요한 경우 피드백을 제공합니다.

㉠ 학교급이나 학년을 제시하면 그에 맞는 단어나 문장 구성으로 챗GPT가 적정 수준의 글을 생성할 확률이 높아집니다. 개인별 수준에 적합한 글을 얻으려면, 더 어렵거나 쉬운 글을 작성해 달라고 반복해서 요청하면 됩니다.

> **사용자**
> 나는 중학교 2학년 학생이야. 플라스틱 분리배출에 대한 설명을 담은 비문학 글을 만들어 줘.

㉡ 챗GPT가 글자 수를 정확히 세지 못하므로, 적정 분량의 글을 얻으려면 대략적인 글자 수로 글을 생성한 뒤, 분량을 늘리거나 줄여 달라고 반복해서 요청하면 됩니다(이 책 53~61쪽 참고).

> **사용자**
> 글자 수는 2,000바이트 이상으로 해 줘.

ⓒ 챗GPT 무료 버전은 글자 수 제한이 있으므로 생성된 글이 미완성일 수 있습니다. 그럴 때는 다음 프롬프트에 이어서 글을 끝까지 완성해 달라고 입력합니다.

> 🧑 **사용자**
> 윗글에 이어서 내용을 작성하고 글을 끝까지 완성해 줘.

ⓓ 챗GPT는 짧은 한두 문장도 잘게 구분 지어 생각보다 많은 문단을 제시합니다. 따라서 문단 구분을 최소화하라는 내용을 포함하면 좋습니다.

> 🧑 **사용자**
> 문단(단락)은 최대한 구분하지 말고 써 줘.

ⓔ 관심사 키워드가 여러 가지일 경우, 주요 관심사를 먼저 밝히고 이와 관련한 세부 관심 내용을 글에 포함해 달라고 요청합니다.

> 🧑 **사용자**
> 플라스틱 분리배출에 대한 설명을 담은 비문학 글을 만들어 줘. 환경오염의 심각성, 올바른 분리수거 방법에 관한 내용을 포함해 줘.

ⓕ 최종 프롬프트 예시

> 🧑 **사용자**
> 나는 중학교 2학년 학생이야. 지구온난화에 대한 설명을 담은 비문학 글을 만들어 줘. 기후위기, 이산화탄소 배출, 빙하 녹음에 관한 내용을 포함해 줘. 글자 수는 2,000바이트 이상으로 해 주고, 단락은 최대한 구분하지 마.

3) 사실적 읽기 방법을 적용하여 비문학 글 읽기

학생들에게 한 편의 글을 읽고 내용을 스스로 분석하는 경험을 제공합니다. 비문학 글은 인문, 사회, 기술, 과학, 예술 등 어떠한 영역도 제재로 쓸 수 있습니다. 본 수업에서는 학생의 관심사나 진로가 반영된 글을 사용하였지만, 이 외에도 교과서 수록 글 및 다른 매체의 적절한 글도 얼마든지 활용할 수 있습니다. ─ 활동지A

사실적 읽기 방법에 따라 먼저 문단별 핵심어를 찾은 후 문단별 중심 문장을 찾습니다. 문단별 핵심어와 중심 문장은 문단 내용에 따라 2개 이상일 때도 있습니다. 핵심어와 중심 문장을 찾았다면, 이를 바탕으로 문단별 중심 내용을 정리하고, 문단별 관계를 고려하여 글 전체의 주제를 파악합니다. 만약 독해력이 높고 글 분석 능력이 있는 학생이라면, 글의 구조와 전개 방식을 파악하는 데까지 나아갈 수 있습니다.

본 수업에서는 챗GPT가 생성한 글과 이를 토대로 이루어지는 토론, 평가까지 전 과정에서 활동지를 활용합니다. 따라서 실시간으로 작성 및 수정이 가능한 텍스트 파일로 제공하여 학생들이 편리하게 사용할 수 있도록 합니다.

※ 분홍색 음영은 '핵심 단어'이고, 파란색 음영은 '중심 문장'입니다.

① 지구온난화는 주로 온실가스를 대기로 배출하는 인간 활동으로 인해 지구 평균 표면 온도가 장기적으로 상승하는 현상을 말합니다. 이 현상은 기후 변화로 이어지며, 이는 지구와 모든 주민에게 광범위한 영향을 미칩니다.
→ 중심 내용: 지구온난화의 개념.

② 지구온난화의 주요 원인 중 하나는 이산화탄소(CO_2)와 기타 온실가스의 과도한 배출입니다. 이 가스는 대기에 열을 가두어 열이 우주로 빠져나가는 것을 막고

지구를 따뜻하게 만듭니다. CO₂ 배출의 주요 원인에는 에너지 생산, 운송 및 산업 공정을 위한 석탄, 석유, 천연가스와 같은 화석 연료의 연소가 포함됩니다.
→ **중심 내용**: 지구온난화의 주요 원인인 이산화탄소와 온실가스의 과도한 배출.

③ 지구의 온도가 상승하면 환경 변화의 연쇄 반응이 촉발됩니다. 지구온난화의 중요한 영향 중 하나는 빙하와 만년설이 녹는 것입니다. 빙하는 추운 기온이 지속되는 지역에서 수천 년에 걸쳐 형성된 거대한 얼음덩어리입니다. 그러나 기온이 상승하면 빙하가 빠른 속도로 녹아 담수 자원이 손실되고 해수면이 상승하게 됩니다. 빙하가 녹으면 수자원 가용성에 영향을 미칠 뿐만 아니라 생태계를 교란하고 생물 다양성을 위협합니다. 많은 종이 생존을 위해 빙하가 공급하는 강과 호수에 의존하고 있으며, 이들 종의 멸종은 서식지 손실과 개체수 감소로 이어질 수 있습니다. 더욱이, 빙하가 녹으면 해수면이 상승하여 전 세계 해안 지역 사회에 심각한 위협이 됩니다. 해수면이 높아지면 홍수, 침식, 염수의 담수 침입 등 다양한 위험이 높아져 환경 악화가 악화되고 인간 정착지와 기반 시설이 위협받게 됩니다.
→ **중심 내용**: 지구온난화는 빙하와 만년설이 녹는 환경 변화를 유발하고, 이는 생물 다양성을 위협하며 해수면을 상승시키는 위협을 야기.

④ 빙하가 녹는 것 외에도 지구온난화는 더 빈번하고 심각한 폭염, 가뭄, 폭풍, 산불과 같은 다른 기후 관련 현상을 초래합니다. 이러한 기상 이변은 지역사회, 경제, 생태계에 파괴적인 영향을 미쳐 인명 손실, 재산 피해, 필수 서비스 중단을 초래합니다.
→ **중심 내용**: 지구온난화는 다양한 기후 관련 현상을 초래.

⑤ 지구온난화를 해결하려면 지역, 국가, 국제 수준의 집단적 행동이 필요합니다. 정부, 산업체, 개인은 온실가스 배출을 줄이고, 재생 가능 에너지원으로 전환하고, 교통, 농업, 도시 계획에 지속 가능한 관행을 채택하기 위해 협력해야 합니다. 또한 인프라 개선, 재해 대비, 생태계 보존 등 기후 탄력성 조치에 투자하면 지역사회가 기후 변화의 영향에 적응하고 모두를 위한 지속 가능하고 탄력성 있는 미래를 구축하는 데 도움이 될 수 있습니다. 지금 단호한 조치를 취함으로써 우리는 지구온난화로 인한 최악의 영향을 완화할 수 있습니다.
→ **중심 내용**: 지구온난화를 해결하기 위해서는 지역, 국가, 국제 수준의 집단적 협력이 필요함.

· **글 전체 주제**: 지구온난화의 원인과 영향 그리고 해결 방법.

4) 사실적으로 읽은 글을 챗GPT와 토론하며 분석 내용 비교하기

학생들은 이 단계에서도 챗GPT를 적극적으로 활용하게 됩니다. 사실적 읽기 방법을 토대로 학생이 직접 글의 내용을 분석합니다. 그 후 분석한 내용을 근거로 챗GPT와 토론합니다. 챗GPT가 생성한 글에 바로 이어서 토론을 시작해도 되지만, 챗GPT는 내용과 관계없이 임의로 문단을 구분합니다. 따라서 학생이 글을 읽고 분석하는 과정에서 얼마든지 문단을 자유롭게 조정하고, 그 결과를 바탕으로 토론하도록 안내합니다.

글 전문을 몇 개의 문단으로 나누어 챗GPT에 입력하고, 이전 단계에서 수행한 읽기 과정에 따라 질문하며 토론을 시작합니다. 이때, 타당한 근거를 가지고 명확하게 질문하는 것이 중요합니다. ― 활동지A: 중심 내용을 파악하는 부분

  문단별 핵심어 찾기

> 🧑 **사용자**
> 윗글의 문단별로 핵심 단어를 알려 줘. 2개 이상인 경우 중요도를 고려하여 3개 이하로 다시 알려 줘.
>
> 🤖 **AI**
> 문단 1: 온난화, 온실가스, 인간 활동, 기후변화
> 문단 2: 이산화탄소, 대기, 열
> 문단 3: 온도, 빙하, 생태계
> 문단 4: 폭염, 가뭄, 폭풍
> 문단 5: 지구온난화, 조치, 지속 가능한 미래

ⓒ 챗GPT와 토론하여 분석 결과 비교하기

학생이 분석한 결과와 일치하지 않을 경우, 챗GPT와 채팅으로 핵심어를 점검하도록 안내합니다. 특히 핵심어는 각 문단의 전체 내용을 가장 잘 압축하여 드러낼 수 있는 중요한 요소이기 때문에 정확하게 찾아야 합니다.

> 🧑 **사용자**
> 핵심 단어는 문단에서 가장 중요한 내용을 압축하고 있거나 중심 문장에 포함되는 거잖아.
> 문단 1: 지구온난화
> 문단 2: 지구온난화의 주요 원인
> …
> 나는 문단별 핵심 단어를 이렇게 생각하는데 어때? 내가 수정해야 하는 핵심 단어는 없어?
>
> 🤖 **AI**
> 당신이 제시한 핵심 단어들은 전반적으로 정확하고 적절합니다. 그러나 조금 더 세부적인 관점에서 살펴보면 몇 가지 조정이 필요할 수 있습니다.
> 예를 들어, [문단 1]에서 "지구온난화"는 주제를 잘 요약하지만, 나머지 문단들은 더 구체적인 측면을 다루고 있습니다. 따라서 [문단 1]의 핵심 단어를 좀 더 세분화해서 선택하는 것이 도움이 될 수 있습니다.
>
> 🧑 **사용자**
> [문단 1]은 지구온난화의 개념에 대해 구체적으로 설명하는 거니까, 핵심 단어는 "지구온난화" 1개라고 생각해. 만약 내 생각과 다르다면 그 이유를 자세히 알려 줘.
>
> 🤖 **AI**
> 네, 당신이 [문단 1]에서 "지구온난화"를 핵심 단어로 선택한 것은 정확합니다. [문단 1]은 지구온난화에 대한 개념을 소개하고 설명하는데, "지구온난화"는 이러한 주제를 가장 잘 요약하는 용어입니다. 따라서 당신의 선택은 타당하며, 추가적인 변경이 필요하지 않습니다.

챗GPT와 토론하면서 학생이 찾은 문단별 핵심어가 챗GPT의 결과와 일치했다면 다음 단계인 문단별 중심 문장 찾기를 진행합니다. 만약 챗GPT의 대답이 학생의 분석과 상이하다면, 적절한 근거를 제시하여 챗GPT와 심화 토론을 진행합니다. 이때 챗GPT가 내놓은 답변의 특정 부분을 드래그하면 해당 부분에 대한 세부 질문을 할 수 있습니다.

> **사용자**
> [문단 2]의 중심 문장은 첫 번째 문장 아니야? 이 문장은 첫 번째 문장의 "이산화탄소와 온실가스"에 대한 세부적인 설명이잖아.
>
> **AI**
> 네, 맞습니다. [문단 2]의 중심 문장은 첫 번째 문장이 아니라 두 번째 문장입니다. 첫 번째 문장은 전반적인 개념을 소개하는 역할을 하지만, 두 번째 문장은 이산화탄소와 온실가스가 대기에 열을 가두어 지구를 따뜻하게 만드는 방식에 대한 구체적인 설명을 제공합니다. 따라서 [문단 2]의 중심 문장은 두 번째 문장으로 확인됩니다.
>
> **사용자**
> [문단 2]의 내용이 지구온난화의 주요 원인이 이산화탄소와 온실가스의 과도한 배출이잖아. 두 번째 문장이 세부적인 설명인 점은 맞지만, 중심 문장은 문단의 중요한 내용을 가장 잘 드러내고 압축하는 거니까 나는 첫 번째 문장이 중심 문장이라고 생각해.
>
> **AI**
> 네, 당신의 관점 또한 옳습니다. 중심 문장을 결정할 때는 해당 문단의 주요 내용을 가장 잘 나타내는 문장을 선택하는 것이 중요합니다. [문단 2]의 경우, 지구온난화의 주요 원인을 소개하는 데 첫 번째 문장이 더 중요하게 다뤄지는 것으로 보입니다. 따라서 첫 번째 문장을 [문단 2]의 중심 문장으로 선택하는 것이 합당합니다.

이 같은 방식으로 핵심어나 중심 문장뿐만 아니라 문단별 중심 내용, 전체 글의 주제, 글의 구조, 글의 전개 방식 등 다양한 분석 및 토론을 할 수 있습니다. 또한, 챗GPT의 답변에 오류가 있을 수 있으므로 꼼꼼히 확인하는 과정이 필요합니다.

수업 Tip!

- 만약 전체 글을 다시 입력하고 토론을 시작하려면, 문단 구분을 명확히 한 후에 챗GPT에 입력해야 합니다. 그럼에도 문단 구분이 완벽하지 않을 수 있으므로, 여러 차례 토론 과정을 거칩니다. 문단 구분 시 각 문단 앞에 [문단 n]과 같은 표지를 추가하면 훨씬 잘 구분합니다.
- 챗GPT가 문장을 제대로 구분하지 못하는 경우가 있습니다. 특히 물음표로 끝나는 문장을 하나의 문장이라고 인식하지 못하는 경우가 많으므로, 여러 차례 토론 과정을 거쳐야 합니다.
- 답변에 오류가 있는 경우 여러 차례의 토론 과정을 거쳐야 합니다. 챗GPT 답변의 특정 부분을 드래그하여 해당 부분에 대한 세부 질문을 할 수 있습니다. 토론 과정에서 대체로 하나의 결론이 도출됩니다. 그러나 좋은 결과물을 얻기 위해서는 타당한 근거를 바탕으로 프롬프트를 작성해야 합니다.
- 챗GPT는 국어 교육에서 제시하는 용어(글의 구조, 전개 방식, 표현법 등) 대부분을 이해하지 못합니다. 이때, 해당 용어를 영어로 번역하여 함께 제시하면 챗GPT가 더 쉽게 이해합니다.

5) 챗GPT가 생성한 글과 활동 과정을 평가하고 추가로 탐색할 내용 정리하기

학생들은 챗GPT를 통해 생성한 글을 읽고 분석한 후, 다시 챗GPT와 토론하면서 분석 내용을 비교합니다. 본 단계에서는 챗GPT가 생성한 글과 자신의 활동을 평가하여 활동지에 기록합니다. 챗GPT가 생성한 글에서 흐름상 불필요한 내용이 있었는지, 통일성이나 적절성에 어긋나는 내용이 있었는지를 평가하고 이를 보완하기 위한 아이디어를 제시합니다. 또한 글에서 새롭게 알게 된 내용이나 기억에 남는 내용을 정리하고, 활동하면서 유익하거나 좋았던 점, 아쉬웠던 점을 스스로 평가하도록 안내합니다. 이를 바탕으로 자신이 추가로 탐색할 내용을 정리하면서 활동을 마무리합니다. 본 단계는 챗GPT의 폭넓은 정보 탐색 능력으로 학생의 관심사를 지속적으로 심화하고 확장하기 위해 구성하였습니다. ─ 활동지 B

6) 챗GPT 토론 수업 과정 정리 및 공유하기

앞선 단계의 활동 과정을 전체 학습 형태로 정리합니다. 모둠 활동으로 진행해도 좋지만, 전체 학습을 추천합니다. 챗GPT를 활용해 개별 학습한 내용을 친구들과 공유하고 교사와 함께 점검하는 시간이 필요하기 때문입니다. 본 단계는 자신의 학습 과정을 친구, 교사와 공유하면서, 자기 활동을 성찰할 수 있는 유의미한 단계입니다.

▶ **평가는 이렇게**

본 수업을 바탕으로 읽기 목적에 부합하는 읽기 전략을 적절히 활용하였는지, 이해력과 사고력을 얼마나 발휘하였는지 평가할 수 있습니다. 챗GPT로부터 생성한 글뿐 아니라 기존하는 다양한 제재의 비문학 글을 얼마든지 활용할 수 있기 때문에, 읽기의 단독 평가뿐 아니라 타 교과와 연계한 평가도 할 수 있습니다. 본 수업은 개별 학습 위주로 진행합니다. 따라서 정보를 탐색하고 활용하는 능력 및 실제적인 읽기 능력, 다양한 독서 경험 등을 종합적으로 평가하는 방식으로 수행평가나 자기평가를 실시해도 좋습니다.

평가 유형		수행평가, 교사평가, 자기평가
평가 기준	잘함	관심사나 진로와 관련된 적절한 비문학 글을 챗GPT로 생성할 수 있고, 사실적 읽기 방법을 바탕으로 글을 읽을 수 있으며, 챗GPT와 토론하면서 글의 내용을 깊이 있게 비교 분석할 수 있다.
	보통	관심사나 진로와 관련된 적절한 비문학 글을 챗GPT로 생성할 수 있지만, 사실적 읽기 방법을 바탕으로 글을 읽거나 챗GPT와 토론하면서 글의 내용을 비교 분석하는 데 어려움을 겪는다.
	노력 요함	관심사나 진로와 관련된 적절한 비문학 글을 챗GPT로 생성하는 데 어려움을 겪거나, 사실적 읽기 방법을 바탕으로 글을 읽고 챗GPT와 토론하면서 글의 내용을 비교 분석하려고 노력하는 태도가 부족하다.

▶ **수업 후 학생들의 반응**

본 수업 예시는 고등학생을 대상으로 하는 수업이었습니다. 한 학급에는 국어 과목을 좋아하는 학생도 있고, 어려워하는 학생도 있습니다. 챗GPT 활용이 익숙한 학생도 있고, 어색한 학생도 있습니다. 그러나 학생들에게 공통적으로 자신의 관심사로 직접 글을 쓰고 읽었다는 성취감이 보였습니다. 챗GPT와 토론할 때도 혼자 열이 올라서 엄청난 타자 속도를 보인 학생도 있었고, 관심사가 비슷한 친구끼리 토론 과정을 공유하는 모습도 보였습니다. 글을 읽고 활용하는 수업에서 학생들이 열기를 보였다는 점이 가장 눈에 띄었습니다. 제가 본 수업을 구성한 목적은 AI 도구를 활용하여 학생들이 글 읽기를 시도하고, 읽은 내용을 정확히 이해하도록 하기 위함이었습니다. 그러나 학생들의 반응을 보니 글 읽기를 힘들어하기는커녕 챗GPT로 생산한 글에 깊이 집중하는 모습을 보였습니다. '내가 만든 글'이라는 자부심을 바탕으로 읽기에 몰입하는 모습도 좋았고, 챗GPT와 적극적으로 토론하는 모습이 인상적이었습니다.

활동지A
챗GPT와 함께 비문학 글 토론하기1

학번: 이름:

1. **글 읽고 분석하기**
   - 챗GPT의 생성 결과에 따라 문단 개수 조정 가능
   - 문단별 핵심어는 분홍색 형광펜으로 표시(2개 이상일 수도 있음)
   - 문단별 중심 문장은 하늘색 형광펜으로 표시(2개 이상일 수도 있음)
   - 문단별 중심 내용은 핵심어와 중심 문장을 바탕으로 정리하기(한 문장)
   - 글 전체 주제는 문단별 중심 내용을 바탕으로 정리하기(한 문장)

   예시
   플라스틱을 분리 배출하는 것은 온실가스 배출을 줄이고 기후 변화를 완화하는 데에도 중요한 역할을 합니다. 플라스틱이 매립지에서 분해되면 지구온난화의 원인이 되는 강력한 온실가스인 메탄이 배출됩니다. 별도의 폐기 및 재활용을 통해 플라스틱을 매립하지 않도록 함으로써 메탄 배출을 최소화하고 탄소 배출량을 줄여 기후변화 완화 노력에 기여할 수 있습니다.

   → 중심 내용: 플라스틱을 분리 배출하는 것은 온실가스인 메탄 배출을 줄이고 기후변화를 완화하는 데 중요한 역할을 한다.

   ①

   (챗GPT가 생성한 글 문단별로 복사, 붙여 넣기)

   → 중심 내용: _____

②

　　　　　(챗GPT가 생성한 글 문단별로 복사, 붙여 넣기)

→ 중심 내용: _____

③

　　　　　(챗GPT가 생성한 글 문단별로 복사, 붙여 넣기)

→ 중심 내용: _____

④

　　　　　(챗GPT가 생성한 글 문단별로 복사, 붙여 넣기)

→ 중심 내용: _____

⑤

　　　　　(챗GPT가 생성한 글 문단별로 복사, 붙여 넣기)

→ 중심 내용: _____

→ 글 전체 주제: _____

활동지B

챗GPT와 함께 비문학 글 토론하기2

학번: 이름:

챗GPT와 토론하고 글 평가하기

1. 글에서 새롭게 알게 된 내용이나 기억에 남는 내용(항목 추가 가능)

① _____

② _____

③ _____

2. 글 전체 흐름에서 불필요하거나 적절하지 않은 내용 + 보완할 수 있는 방법(항목 추가 가능)

예시
- 4문단이 플라스틱 분리 배출하는 방법에 대해 설명하는 내용이므로 3문단 앞으로 옮긴다.
- 2문단과 3문단 내용이 유사하므로 합친다.
- 5문단은 플라스틱을 써야 하는 이유에 대해 설명하는 내용이므로 삭제한다.

① _____

② _____

③ _____

활동 과정 평가하기(자기평가)

1. 챗GPT에 글을 생성해 달라고 할 때 활용한 프롬프트
   _____

2. 활동을 하면서 좋았던 점, 유익했던 점(항목 추가 가능)
   ① _____
   ② _____
   ③ _____

3. 활동을 하면서 아쉬웠던 점(항목 추가 가능)
   ① _____
   ② _____
   ③ _____

4. 추가로 탐색하고 싶은 내용(항목 추가 가능)
   ① _____
   ② _____
   ③ _____

6장 | 문학

나만의 보조 작가 챗봇

시를 쓰는 챗봇, 감상하고 낭송하는 우리

_최선경

대상	고등학생
과목	국어, 공통국어1, 공통국어2, 문학
주제	문학 갈래의 특성 이해하기, 문학 작품 감상하기
사용 AI	챗GPT, 패들렛

어떤 목표를 달성할 수 있을까?

수업 목표
문학 작품을 주체적인 관점에서 감상하고, 감상 결과를 공유하여 내면화할 수 있다.

성취 기준

2015 개정 교육과정
- [10국-05-02] 갈래의 특성에 따른 형상화 방법을 중심으로 작품을 감상한다.
- [10국-05-05] 문학 작품은 구성 요소들과 전체가 유기적 관계를 맺고 있는 구조물임을 이해하고 문학 활동을 한다.
- [12문학-02-01] 문학 작품은 내용과 형식이 긴밀하게 연관되어 이루어짐을 이해하고 작품을 감상한다.

2022 개정 교육과정
- [10공국1-05-02] 갈래에 따른 형상화 방법의 특성을 고려하며 작품을 수용한다.
- [10공국1-05-03] 작품 구성 요소의 유기적 관계와 맥락에 유의하여 작품을 수용하고 생산한다.
- [10공국2-05-02] 주체적인 관점에서 작품을 해석하고 평가하며 문학을 생활화하는 태도를 지닌다.
- [12문학-01-01] 문학이 인간과 세계에 대한 이해를 돕고, 삶의 의미를 깨닫게 하며, 정서적 미적으로 삶을 고양함을 이해한다.
- [12문학-01-12] 주체적인 문학 활동을 생활화하여 지속적으로 문학을 즐기는 태도를 지닌다.

생활기록부 키워드
문학 작품 감상 능력, 미적 감수성, 주체적 관점, 형상화, 감상 공유, 해석의 다양성, 심미적 감성, 문학의 생활화, 작품의 수용, 디지털·미디어 능력, 의사소통 능력, 내면 성찰, 자기 인식, 정서의 확장, 감상의 내면화, 비판적·창의적 사고력, 상상력, AI 활용 능력, 예술과 기술의 관계, 문학과 예술의 관계

어떤 수업을 할 수 있을까?

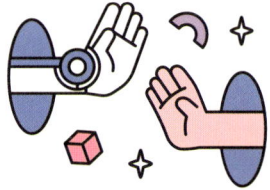

문학 작품을 감상할 때 학생들에게 작품이 어떤지 물으면, 학생들 가운데 일부는 작가가 전달하고자 하는 내용이 도대체 무엇인지 모르겠다고 말합니다. 어떤 학생들은 '문학 감상' 자체가 무엇인지, 작품을 어떻게 감상해야 하는지 모르겠다고 푸념합니다. 학교 현장의 많은 국어 교과 교사분들도 비슷한 경험이 있으실 것입니다. 문학을 풍부하게 감상하는 힘은 개인별 특성에 따라 차이가 있고, 글 읽는 환경의 영향도 큽니다. 이를 고려하여 챗GPT와 패들렛을 수업에 적절히 활용한다면, 학생들의 주체적인 수업 참여와 의미 있는 결과물(작품) 생산을 유도할 수 있으며, 이를 바탕으로 역동적인 소통 기회도 많아질 것입니다.

　이번 수업에서는 챗GPT를 보조 작가로 활용하여 학생들이 시 작품을 창작합니다. 학생들은 창작된 시를 주체적으로 감상하고 감상 결과를 분석한 후, 잘 어울리는 음악을 입혀 패들렛에 공유합니다. 이로써 문학 작품을 풍부하게 감상하고 내면화하는 경험을 합니다. 문학 감상은 단순한 텍스트 읽기 이상의 의미를 지닙니다. 문학 감상은 작품에 존재하는 예술적 아름다움이나 기법, 주제 등을 이해하고 그 가치를 내면적으로 평가하는 행위입니다. 학생들이 주체적인 감상을 통해 자신의 내면을 깊이 있게 성찰하고, 올바르게 인식하기를 바라며 본 수업을 구성하였습니다.

단계	교수학습 내용
도입	1) 챗GPT와 패들렛 주요 사용법 복습하기
전개	2) 자신의 상황이나 내면을 성찰할 수 있는 시의 조건 선정하기 3) 챗GPT가 창작한 시를 감상한 후 인상 깊은 작품 한 편 선택하기 4) 자신이 선택한 시를 감상하고 내용과 형식 측면에서 분석하기 5) 시에 어울리는 배경음악을 찾고, 패들렛에 올리기 6) 패들렛에 올린 시를 낭송하고 감상 공유하기
정리	7) 활동 내용 정리하기

▶ **수업 전 준비(교육) 사항**

- 본 수업은 챗GPT를 보조 작가로 활용해 시를 창작하여 감상하고, 감상 결과를 패들렛에 공유하는 과정으로 진행됩니다. 따라서 챗GPT와 패들렛의 사용을 위해 노트북, 태블릿PC 등 학생들의 개별 전자기기가 필요합니다.

- **패들렛**은 온라인 게시판 역할을 하는 AI 도구로, 참여자가 게시물을 자유롭게 생산하고 공유할 수 있다는 장점이 있습니다. 댓글, 파일 첨부, 링크 공유 등 다양한 기능을 무료로 손쉽게 사용할 수 있습니다. 노트북 외에도 태블릿PC, 스마트폰 등 전자기기로도 이용할 수 있습니

다. 기본적으로 3개의 보드를 사용할 수 있고, 교사 인증을 하면 5개로 늘어나며, 유료 결제를 하면 더 많은 보드를 자유롭게 이용할 수 있습니다. 학생들도 패들렛의 주요 사용법을 어렵지 않게 익힐 수 있어서 활용하기 편리합니다.

▶ **교수학습 내용**

1) **챗GPT와 패들렛 주요 사용법 복습하기**

본 수업에서 학생들은 챗GPT와 패들렛을 적극적으로 활용하게 됩니다. 따라서 수업의 원활한 진행을 위해 챗GPT와 패들렛의 주요 사용 방법을 학생들이 이해할 수 있도록 하는 과정이 반드시 필요합니다.

> 💡 **수업 Tip!**
>
> - 본 수업은 시작부터 끝까지 챗GPT와 패들렛을 활용하므로, 다음 단계의 수업을 원활하게 진행하기 위해 학생들의 학습 성취도 및 교수학습 상황에 따라 본 단계를 한 차시로 구성하여 수업을 진행할 수 있습니다.

2) **자신의 상황이나 내면을 성찰할 수 있는 시의 조건 선정하기**

학생들이 자신의 현재 상황이나 과거의 경험을 되돌아보고, 내면을 성찰하는 단계입니다. 수업 시간에 많은 양의 현대시가 등장하지만, 챗GPT가 창작한 결과물을 바탕으로 내면을 성찰해 본 학생은 없을 것입니다. 본 수업을 통해 주체적인 문학 작품 감상의 진정한 의미를 발견해 보고, 미적 감수성을 발휘하여 정서적 풍족함을 경험할 수 있습니다.

본 수업에서는 챗GPT가 창작한 시를 감상하고 패들렛에 공유하기까지 전 과정에서 활동지를 활용합니다. 따라서 활동지를 실시간 편집이 가능한 텍스트 파일로 제공하여 학생들이 유용하게 사용할 수 있도록 합니다. 챗GPT의 시 창작을 위해 우선 자신이 원하는 시의 주제를 활동지에서 선택합니다. ―활동지A 1번 문항

주제 선택이 끝났다면 시의 분위기와 정서, 시에 사용될 표현(법)을 활동지에서 순차적으로 선택합니다. 활동지에 원하는 단어(시어)가 없다면, 학생이 직접 추가해도 됩니다. ―활동지A 2, 3번 문항

이후 시에 포함하고 싶은 단어를 떠올려 보고, 창작할 시 작품 수를 정한 후 이를 바탕으로 챗GPT에 입력할 자기만의 프롬프트를 완성합니다.
―활동지A 3, 4, 5번 문항

수업 Tip!

- (2)~(5)단계는 개별 학습 형태로 수업을 진행합니다. 교사는 교실을 순회하며 학생들의 활동을 관찰하고, 필요한 경우 피드백을 제공합니다. 시 창작의 첫 단계인 주제 선정에서 어려움을 겪는 학생들이 있습니다. 이럴 때는 일상생활을 되돌아보거나 친구와 이야기를 나눠 보고, 교과서에서 학습한 현대시 혹은 개인적으로 읽었던 시 가운데 기억에 남는 작품의 주제를 차용하는 등 다양한 방법을 사용합니다.

3) 챗GPT가 창작한 시를 감상한 후 인상 깊은 작품 한 편 선택하기

이제 본격적으로 챗GPT를 보조 작가로 활용할 단계입니다.●

> 🧑 **사용자**
> 돌아가신 할머니를 향한 그리움을 주제로 시를 쓰고 싶어. 슬프고 그리움이 가득한 분위기와 정서를 담아 줘. 할머니를 추억하면서 그리움의 감정을 나타낼 때 직유법, 문답법, 도치법을 활용하여 표현해 줘. '생각, 후회, 지금'의 단어를 포함해 줘. 시는 5연 이상의 분량으로 총 5편을 창작해 줘.
>
> 🤖 **AI**
> **시 1:** 황혼의 포옹 속에서 나는 그녀의 얼굴을 찾습니다. 시간의 포옹 속에 사라진 속삭임, 시든 장미처럼 내 마음은 시들고 그녀의 부드러운 시선을 갈망합니다.
>
> 위의 별들은 말할 수 없는 비밀을 갖고 있나요? 아니면 추억에 불과한 걸까, 차가운 걸까? 후회는 그림자처럼 계속 남아 있다. 지속할 수 없는 순간을 갈망하기 때문입니다.
>
> 아, 할머니, 지금 어디 계세요? 꿈속에서, 생각 속에서, 그림자의 장막 속에서? 하지만 이 공허함 속에서도 당신의 사랑은 지속됩니다. 시간이 강요하는 상처를 위한 연고.
> …

챗GPT가 창작한 시의 개수가 많을수록 학생들이 문학 작품을 폭넓게 감상할 수 있습니다. 챗GPT를 보조 작가로 활용한 이유는 학생들의 문학 작품 감상 경험에 AI의 창의성을 더하기 위함입니다. 챗GPT는 학생이 원하는 주제와 스타일의 시를 빠르고 풍부하게 창작하므로 학생들이 작

● https://chat.openai.com/share/5efcaa47-65cd-443c-bcae-b26ee05653bf

품에 관심을 가지고 감상할 수 있다는 장점이 있습니다. 또한 학생들에게 특정 주제와 관련하여 다양한 작품 감상의 기회를 주고자, 챗GPT로 문학 감상의 수용 및 생산의 범위를 넓힐 수 있습니다.

본 단계도 활동지를 활용합니다. 챗GPT가 창작한 여러 시를 감상하고 마음에 드는 작품 하나를 선택하도록 합니다. 주체적인 작품 감상 활동으로 적극적, 주도적인 문학 활동을 고양할 수 있습니다. 이후 (6)단계에서 시를 낭송하며, 작품 감상을 공유할 때 왜 이 작품이 자신에게 어떤 의미가 있었는지를 친구들에게 설명합니다. 이어서 활동지에 인상 깊은 구절을 기록하며 작품을 감상하도록 합니다. ─ 활동지B 1, 2번 문항

수업 Tip!

- 본 수업은 개별 학습 위주로 진행됩니다. 챗GPT가 학생이 원하는 방향으로 현대시를 창작하지 못할 수 있으므로, 학생의 학습 진행 상황을 교사가 점검하는 것이 좋습니다.
- 시는 연과 행으로 구성됩니다. 챗GPT는 행을 정확하게 알지 못합니다. 행을 조정할 경우 챗GPT 답변 중 특정 부분을 드래그하여 프롬프트를 입력하면 편리합니다.

🧑 사용자
어린 시절에 대한 추억을 주제로 시를 쓰고 싶어. 즐겁고 그리움이 가득한 분위기와 정서를 담아 줘. 시는 총 5개 창작해 줘. 5개의 시는 5연 이상으로 길게 써 줘.

주제, 분위기와 정서, 표현, 시어를 프롬프트에 모두 입력하면 보통 3~4연 이상의 작품을 창작해 줍니다. 그런데 간혹 1~2연의 짧은 시를 창작하는 경우가 있습니다. 이때 "더 길게 다시 써 줘."라고 다시 요청하거나, 처음부터 프롬프트에 '길게 써 달라.'는 문구를 포함하면 됩니다. 짧은 시도 문학성이 풍부하지만 학생이 원하는 조건을 모두 갖춘 작품을 얻으려면 프롬프트를 구체적으로 작성해야 합니다. 프롬프트에는 시의 운율을 형성하고 예술성과 문학성을 높이는 문학적인 장치가 많을수록 좋습니다. 따라서 프롬프트를 풍성하고 구체적으로 작성할수록 더 다양한 작품을 얻을 수 있습니다.

> 🙂 **사용자**
>
> 어린 시절에 대한 추억을 주제로 시를 쓰고 싶어. 가족들이 한 집에 모인 상황에서 즐겁고 그리움이 가득한 분위기와 정서를 담아 줘. 동생과 함께 시골에서 강아지를 데리고 개울물에서 함께 놀았던 추억을 직유법과 문답법, 도치법으로 표현해 줘. '별, 생각, 가족, 추억, 지금'의 단어를 포함해 줘. 시는 총 5개 창작해 줘.

4) 자신이 선택한 시를 감상하고 내용과 형식 측면에서 분석하기

서정 갈래의 특성을 바탕으로 학생들이 선택한 시를 스스로 분석하도록 지도합니다. 분석이라고 해서 세밀한 작업을 수행해야 하는 것은 아닙니다. 작품을 선택한 근거를 작품 전체에서 찾는 것이 본 단계의 주된 목적입니다. 감수성이 발현되는 근거를 찾아 시를 분석하면 작품이 자아내는 분위기나 정서가 훨씬 감각적으로 다가옵니다. 본 수업에서는 내용과 형식 측면으로 나누어 시를 가볍게 분석합니다. ― 활동지B 3번 문항

 **수업 Tip!**

- 본 단계는 학생이 문학 작품 한 편을 스스로 분석하면서 시의 내용과 형식적인 특성을 파악하는 단계입니다. 학생이 자신의 관점에서 분석하므로 정답은 존재하지 않습니다. 그러나 기본적인 표현법은 적절한 근거에 기반하여 찾도록 안내하면 좋습니다. 예를 들어 설의법, 대구법 등 수사 표현 용어는 문학에서 공통적으로 사용하므로 안내가 필요합니다.
- 교실을 순회하며 학생들의 활동을 관찰하고, 필요한 경우 피드백을 제공합니다. 학생들의 학습 성취도 및 교수학습 진행 상황에 따라 시 분석 방법을 이전 차시에 먼저 안내하는 것도 좋습니다.

5) 시에 어울리는 배경음악을 찾고, 패들렛에 올리기

자신이 분석한 시의 분위기에 가장 잘 어울린다고 생각하는 배경음악을 선정합니다. 배경음악은 (6)단계에서 진행할 '시 낭송' 활동에 꼭 필요합니다. 시를 낭송할 때 배경음악을 활용하면 청중의 감수성을 고조함으로써 시에 몰입하도록 도와줍니다. 또한 감성으로만 느낀 시의 분위기를 실체가 있는 악곡의 형태로 구현하는 경험을 할 수 있습니다. 이처럼 배경음악은 시를 감상하는 데 중요한 역할을 하기 때문에, 학생들 스스로 시에 어울리는 음악을 찾도록 설계하였습니다. 챗GPT에 시와 어울리는 배경음악을 추천받아도 좋고, 학생이 기존에 알고 있던 음악을 선택해도 좋습니다.

챗GPT가 곡을 추천해 주면, 유튜브 등을 활용하여 들어 보고, 그중 시의 주제나 분위기에 가장 어울린다고 생각하는 곡을 선택합니다. 배경음악을 선정하였으면 활동지에 음악의 제목과 유튜브 링크를 적습니다. 본 단계

>  **사용자**
> [시 1] …
> [시 2] …
> [시 3] …
> [시 4] …
> [시 5] …
>
> 이 시에 어울리는 피아노 연주곡 5곡을 추천해서 알려 줘.

부터 학생들은 패들렛을 적극적으로 활용하게 됩니다.• ─활동지B 4번 문항

  교사는 수업 전 패들렛 보드를 만들고, 패들렛 링크를 학생들에게 공유합니다. 교사가 만들어 놓은 패들렛 보드에 학생들은 자신이 선택한 시 제목과 전문을 작성합니다. 시 전문은 직접 입력해도 되고, 챗GPT에서 그대로 복사해 붙여 넣어도 됩니다.

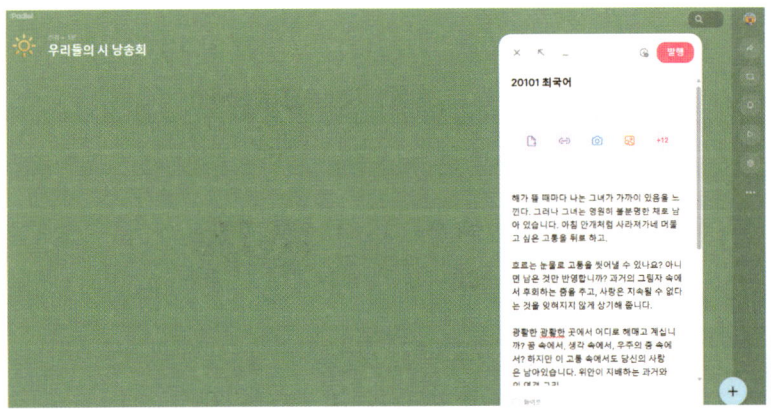

패들렛에 시를 옮긴다.

• [우리들의 시 낭송회] https://패들렛.com/ajtwoddlsg/our_poetry_recital

이제 배경음악을 올릴 순서입니다. 배경음악은 패들렛의 유튜브 링크 기능을 활용하여 검색하고 바로 업로드합니다. 자신이 선정한 배경음악 제목을 ①에 입력하고 엔터키를 누르면 유튜브에 업로드된 게시물들이 나타납니다. 그중 하나를 선택(②)해 클릭합니다. 음악 제목은 챗GPT에서 그대로 복사해서 옮겨와도 됩니다.

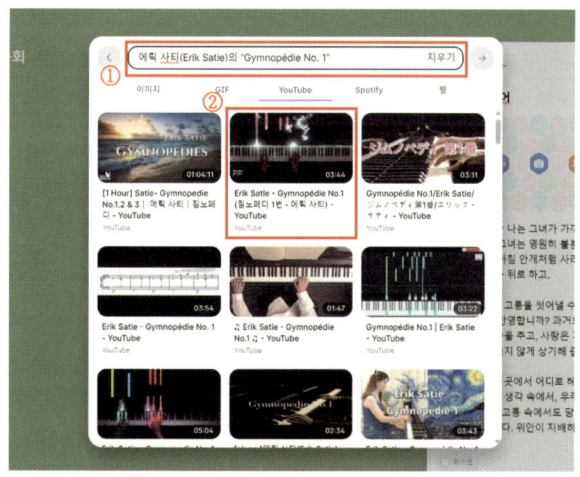

앞서 선택한 유튜브 게시물과 함께 모든 준비를 마치면, [발행]을 클릭하여 학생의 게시물이 정상적으로 공유되도록 안내합니다.

패들렛에 최종 게시물이 올라간 모습.

- (6)단계에서 진행할 시 낭송에 앞서 배경음악의 중요성을 강조합니다. 시 낭송은 청중을 대상으로 진행되기 때문에 적절한 배경음악을 재생하면 시의 주제나 분위기를 살릴 수 있고, 청중이 시의 의미에 집중하는 데 도움이 됩니다. 자신과 청중의 미적 감수성을 발휘할 수 있는 음악을 찾아 선택할 수 있도록 안내합니다.

6) 패들렛에 올린 시를 낭송하고 감상 공유하기

지금까지 개별 학습 형태로 수업을 진행하였다면 본 단계부터는 전체 학습 형태로 전환합니다. 본 단계는 눈으로 감상한 시를 소리로 바꿔 봄으로써 감상의 폭을 확장하는 단계입니다. 시 낭송은 다양한 주제의 시를 눈과 귀로 감상할 수 있으므로 낭송하는 학생뿐 아니라 낭송을 듣는 학생들에게도 의미 있고 풍성한 문학 경험이 될 수 있습니다.

학생들이 패들렛에 올린 시 전문을 화면에 공유하면, 한 명씩 앞으로 나와 배경음악과 함께 시의 분위기에 잘 어울리는 목소리로 낭송합니다. 수줍음이 많은 학생이라면 친구와 함께 낭송하거나 패들렛에 개별적으로 올린 녹음 파일을 재생해도 됩니다. 한 학생의 시 낭송을 듣고 다른 학생들은 자유롭게 피드백하면서 감상을 공유합니다. 비슷한 감상, 서로 다른 감상 무엇이든 좋습니다. 감상하고 피드백할 때 활동지의 '체크 리스트'를 활용하도록 안내합니다. ─활동지C

> **수업 Tip!**
>
> - 시 낭송은 시에 대한 이해를 바탕으로 진행되기 때문에 학생 스스로 시를 심층적으로 분석하려는 노력이 필요합니다. 시에 대한 깊은 이해가 있어야 주제나 분위기를 잘 살려 시를 낭송할 수 있습니다. 청중을 앞에 두고 음성으로 진행되기 때문에, 청중이 시의 의미에 집중할 수 있도록 성량, 속도, 어조 모두 신경 써야 합니다. 따라서 교수학습 진행 상황에 따라 본 단계를 한 차시로 구성해도 좋습니다. 시 감상 시간이 많이 확보될수록 학생들이 감상을 공유하는 과정이 더욱 풍성해집니다.

7) 활동 내용 정리하기

시 낭송 수업을 마무리하는 단계이니, 전체 학습 형태로 활동을 정리합니다. 시 낭송의 의의를 정리해도 좋고, 시 낭송 소감을 나누어도 좋고, 본 수업의 목표를 다시 언급해도 좋습니다. 수업에 참여한 모두가 수업 후기를 공유하는 것이 목적이므로 어떤 방법이든 괜찮습니다. 다른 친구들의 시 낭송을 듣고 공유한 감상은 패들렛의 해당 게시물에 댓글로 남기도록 합니다. 교사도 댓글로 감상을 공유합니다. 감상 공유 과정을 댓글로 기록해 두면 수업 활동을 의미 있게 마무리할 수 있습니다. 학생들이 언제든지 패들렛에 다시 방문할 수 있으므로 자신의 활동을 성찰하는 데도 도움이 됩니다.

> 💡 **수업 Tip!**
>
> - 본 수업의 후속 활동으로, 자기가 직접 선정한 주제로 쓴 시를, 챗GPT가 창작한 시와 비교해 보는 활동을 추천합니다. 학생들의 시 창작은 문학 작품을 수용하고 생산하는 전 과정에 학생들의 주체성이 곧바로 반영되기 때문에 유의미한 문학 수업이라고 할 수 있습니다.

▶ 평가는 이렇게

본 수업을 바탕으로 주체적인 문학 작품 감상 능력을 평가할 수 있습니다. 따라서 문학 작품을 수용하고 생산하는 전체 감상 과정을 누적해서 기록하는 포트폴리오 평가가 적합합니다. 포트폴리오 평가는 학생들이 문학 활동을 통해 배운 내용의 결과평가뿐 아니라 과정평가도 가능합니다. 챗GPT가 조건에 알맞은 시를 창작하도록 운용했는지 평가할 수 있고, 패들렛에 감상을 적절하게 공유했는지 평가할 수도 있습니다. 시의 분위기와 주제를 잘 살려 낭독했는지 등 수행평가도 할 수 있습니다. 학생들이 주도적으로 자신의 수행을 점검하고 조정하도록 활동 과정에서 자기평가를 실시할 수 있고, 감상을 공유하는 과정에서 동료평가를 적극적으로 활용할 수도 있습니다.

평가 유형		수행평가, 동료평가, 자기평가
평가 기준	잘함	챗GPT가 창작한 시를 주체적인 관점에서 감상하고, 시의 주제와 분위기에 알맞은 어조와 목소리로 시를 낭송함으로써 작품을 풍성하게 감상하고 공유할 수 있다.
	보통	챗GPT가 창작한 시를 주체적인 관점에서 감상할 수 있지만, 시의 주제와 분위기에 알맞은 어조와 목소리로 시를 낭송함으로써 작품을 풍성하게 감상하고 공유하는 데 어려움이 있다.
	노력 요함	챗GPT가 창작한 시를 주체적인 관점에서 감상하는 데 어려움을 겪거나, 시의 주제와 분위기에 알맞은 어조와 목소리로 시를 낭송함으로써 작품을 풍성하게 감상하고 공유하는 데 노력이 필요하다.

▶ 수업 후 학생들의 반응

본 수업은 고등학생을 대상으로 한 수업이었습니다. 학생들은 내면의 미적 감수성을 발휘하여 문학 작품을 감상하기 어려워합니다. 따라서 본 수업은 학생들이 주체적으로 작품에 다가가고, 감상을 내면화하여 풍부한 정서를 느끼길 바란 결과였습니다. 학생들은 여러 조건으로 주문한 시가 순식간에 창작되자 놀란 반응을 보였습니다. 여기저기서 낮은 탄성도 들렸고, 챗GPT보다 자기가 더 잘 쓰겠다고 너스레를 떠는 학생도 있었습니다. 챗GPT가 창작한 시를 감상하고 한 편을 선택하는 과정에서 학생들의 고민이 깊어졌지만, 감수성을 주체적으로 발휘하는 과정이라고 생각하여 시간을 충분히 제공했습니다. 학생들은 배경음악을 선정하는 데도 신중한 모습을 보였습니다. 시 낭송을 어색해하는 학생들이 많았지만, 한두 명이 낭송을 시작한 후에는 적당한 분위기가 조성되었습니다. 낭송하는 학생에게 집중하는 모습을 보였고, 시의 주제나 소재가 무엇인지, 배경음악이 무엇인지 궁금해했습니다. 시 낭송 수업으로 학생들이 문학 작품을 스스럼없이 감상하는 모습이 인상적이었습니다.

활동지A
시 창작하기

학번:　　　　　　　이름:

1. 내가 원하는 시 주제는? (원하는 단어에 노란색 형광펜으로 표시, 2개 이상 선택, 직접 추가도 가능)

꿈, 도전, 사랑, 위로, 희망, 그리움, 이별, 상실, 우정, 열정, 독서, 동물, 행복, 첫사랑, 기도, 연애, 게임, AI, 환경오염, 고향, 계절, 크리스마스, 자연, 어린 시절, 학교생활, 사춘기, 여행, 정체성, 일상, 추억, 성장, 극복, 미래, 공부, 진로, 스트레스, 불안, 기쁨, 친절, 반성, 부모님, 운동, 청소년기, 건강, 도시, 시간, 집, 삶, 생활, 인내, 용서, 인간관계, 공동체, 공감, 음악

2. 내가 원하는 시의 분위기와 정서는? (원하는 단어에 노란색 형광펜으로 표시, 2개 이상 선택, 직접 추가도 가능)

즐거운, 우울한, 고요한, 신비로운, 추억을 회상하게 하는, 희망적인, 꿈꾸는 듯한, 놀라운, 따뜻한, 차가운, 외로운, 초현실적인, 활동적인, 평화로운, 무서운, 밝은, 어두운, 씁쓸한, 쓸쓸한, 고독한, 극적인, 차분한, 비판적인, 행복한, 장엄한, 그리운, 섬세한, 숭고한, 황홀한, 단호한, 기쁜, 경건한, 찬란한, 열정적인, 신나는, 낙관적인, 슬픈, 실망하는, 좌절하는, 재미있는, 자랑스러운, 감사하는, 부러운, 당황스러운, 걱정하는, 어색한, 놀라운, 기특한

3. 내가 원하는 시의 표현은? (원하는 단어에 노란색 형광펜으로 표시, 2개 이상 선택, 직접 추가도 가능)

직유법: '~처럼, ~와 같이, ~듯' 등으로 표현
(예: 돌담에 속삭이는 햇발같이)

은유법: 'A는 B다'로 표현
(예: 내 마음은 호수요)

의인법: 사람이 아닌 것을 사람처럼 표현
(예: 나무는 춤을 춥니다)

과장법: 실제보다 훨씬 크거나 작게 표현
(예: 천만리 머나먼 길에 임을 잃고)

역설법: 모순 관계로 진실을 나타내는 표현
(예: 정작으로 고와서 서러워라)

문답법: 질문과 답변으로 나타내는 표현
(예: 꿈을 아느냐 물으면, 플라타너스)

돈호법: 누군가를 부르는 표현
(예: 어머니, 제 목소리가 들리시나요)

영탄법: 감정을 나타내는 표현(감탄사)
(예: 아아, 외로움이 하늘에 닿았구나)

의성어: 소리를 흉내 낸 표현
(예: 시간은 똑딱똑딱 흘러갑니다)

의태어: 모양, 움직임을 흉내 낸 표현
(예: 나비는 너훌너훌 춤을 춥니다)

활유법: 무생물을 생명이 있는 것처럼 표현
(예: 가뜩 분노한 고래 누가 놀랬길래)

도치법: 문장 성분의 순서를 바꾸어 표현
(예: 맨 처음 공중에 달 줄 안 그는)

반어법: 의도와 반대로 나타내는 표현
(예: 먼 훗날 그때에 잊었노라)

설의법: 평서문을 의문문으로 나타내는 표현
(예: 오늘처럼 내일도 설마 바쁠까)

반복법: 단어, 문장 등을 반복하는 표현
(예: 해야 솟아라, 해야 솟아라)

열거법: 단어나 구절을 나열하는 표현
(예: 오늘 기분은 슬픔, 기쁨, 즐거움)

4. 시에 포함하고 싶은 단어는?

5. 내가 원하는 시의 개수는?

6. 이제 프롬프트를 작성해 보자!

프롬프트 예시

> 🧑 **사용자**
> 돌아가신 할머니에 대한 그리움을 주제로 시를 쓰고 싶어. 슬프고 그리움이 가득한 분위기와 정서를 담아 줘. 할머니를 추억하면서 그리움의 감정을 나타낼 때 직유법, 문답법, 도치법으로 표현해 줘. '생각, 후회, 지금'의 단어를 포함해 줘. 시는 총 5개를 창작해 줘.

나의 프롬프트

> 🧑 **사용자**

활동지B

시 감상하기

학번 :   이름 :

1. 챗GPT가 창작한 시 중 자신이 선택한 시는?

2. 시를 선택한 이유는?

자신이 선택한 시 복사, 붙여넣기

① _____
② _____
③ _____

3. 시 분석하기

내용 분석하기		
시의 주제는?		
시의 분위기와 정서를 느낄 수 있는 구절은? (항목 추가 가능)	분위기와 정서	구절
감동 받았거나 기억에 남는 구절은? (항목 추가 가능)	1.	
	2.	
	3.	

형식 분석하기		
시의 연과 행은?	연	행
시에 사용된 표현법과 해당 표현법이 사용된 구절은? (항목 추가 가능)	표현법	구절

4. 챗GPT가 창작한 시 중 자신이 선택한 시는?

배경음악 제목과 유튜브 링크 복사, 붙여 넣기

활동지 C
시 감상 공유하기(자기평가)

학번: 이름:

1. 체크리스트(자신의 활동 과정을 성찰한 후, 해당하는 항목에 체크하세요)

    ☐ 내가 원하는 조건으로 챗GPT가 시를 적절히 창작하였는가?
    ☐ 챗GPT가 창작한 시를 감상하고 원하는 시 한 편을 선택하였는가?
    ☐ 시의 주제와 분위기를 고려하여 여러 번 읽고 감상하였는가?
    ☐ 내용과 형식 측면에서 시를 알맞게 분석하였는가?
    ☐ 시의 주제와 분위기에 어울리는 배경음악을 선정하였는가?
    ☐ 시의 전문과 배경음악을 패들렛에 게시하였는가?
    ☐ 시의 주제와 분위기에 어울리는 어조와 목소리로 시를 낭송하였는가?
    ☐ 다른 친구들의 시 감상을 공유하고 피드백하였는가? (3명 이상)

    ⇨ 피드백한 친구 이름:

    　　내가 피드백한 내용:

    ⇨ 피드백한 친구 이름:

    　　내가 피드백한 내용:

    ⇨ 피드백한 친구 이름:

    　　내가 피드백한 내용:

    ⇨ 피드백한 친구 이름:

    　　내가 피드백한 내용:

2. 활동을 하면서 좋았던 점, 유익했던 점

① _____

② _____

③ _____

3. 활동을 하면서 아쉬웠던 점

① _____

② _____

③ _____

7장 | 문화, 미술
AI로 그려 보는 다양한 문화

_송세훈

대상	고등학교 1학년
과목	통합사회1
주제	다양한 문화 이해하기, 편견 점검하기
사용 AI	코파일럿, 플레이그라운드 AI, 제미나이

어떤 목표를 달성할 수 있을까?

수업 목표
다양한 문화권의 모습을 이미지 생성형 AI를 활용해 그림으로 표현한다.

성취 기준

2015 개정 교육과정
- [10통사-07-01] 자연환경과 인문환경의 영향을 받아 형성된 다양한 문화권의 특징과 삶의 방식을 탐구한다.

2022 개정 교육과정
- [10통사1-04-01] 자연환경과 인문환경의 영향을 받아 형성된 다양한 문화권의 특징과 삶의 방식을 탐구한다.

생활기록부 키워드
비판적·창의적 사고력, AI 활용 능력, 분석 능력, 문제해결 능력, 의사결정 능력

어떤 수업을 할 수 있을까?

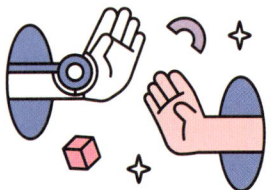

배운 내용을 활용해 다양한 산출물을 만들어 내는 수업이 있습니다. 학생들이 배운 내용을 충분히 소화하는 데 효과적이죠. 하지만 수업을 진행하다 보면 기대와 다른 산출물이 나올 때가 많습니다. 그림을 그려 보라고 하면 검은색 볼펜으로 대충 그리고, 색칠해 보라고 하면 빨간색, 파란색 볼펜으로 얼기설기 채울 뿐입니다. 하지만 그림에 흥미 없는 학생들도 훌륭한 결과물을 내도록 도와주는 도구가 이미지 생성형 AI입니다.

이미지 생성형 AI는 주어진 프롬프트로 이미지를 구현하는데, 구체적으로 쓸수록 사용자의 상상과 유사한 이미지가 생성됩니다. 그래서 AI로 학생들의 이해도를 점검하는 활동을 구성했습니다. AI를 활용한 수업은 크게 '생성'과 '수정', '공유'로 구성됩니다.

첫째, **생성 과정**입니다. 이 과정에서 학생들은 구체적인 프롬프트를 작성하며, 해당 학습 내용에 대한 복습 및 추가 학습을 합니다. 둘째, **수정 과정**입니다. AI로 이미지를 만들면, 상당수 학생이 원하는 이미지와 다른 결과가 나오곤 합니다. 원하는 결과가 나오도록 고쳐 나가는 과정이 바로 수정 과정입니다. 이미지를 수정하기 위해서는 이미지의 이느 부분이 잘못되었는지 파악하고, 어떤 프롬프트 때문에 잘못된 결과가 나오게 되었는지 추론해야 합니다. 이 과정을 통해 문제해결 능력과 의사결정 능력을 기를 수 있습니다. 셋째, **공유 과정**입니다. 학생들은 수업 마지막에 자신들이 만든 이미지와 프롬프트를 공유합니다. 이를 함께 살펴보면서 학생의 오개념을 바로잡아 줄 수 있고, 비판적 사고력도 높일 수 있습니다. 또한 해당 내용의 보충 설명도 가능합니다.

AI를 활용한 수업은 전형적인 사례가 있는 모든 내용에 적용할 수 있습니다. 이미지 원형을 그려 보는 과정에서 소재로 쓰인 내용에 대한 이해도를 높일 수 있고, 작성된 프롬프트를 보며 학생들의 이해도도 점검할 수 있습니다.

단계	교수학습 내용
도입	1) 다양한 문화권 모습 복습하기
전개	2) 문화권 선택 후 AI로 해당 문화권의 모습 그리기 - 그리고 싶은 문화권을 선택한다. - 전 차시에 배웠던 내용을 바탕으로 활동지에 해당 문화권의 문화들을 정리한다. - AI에 프롬프트를 입력해 그림을 생성한다. - 본인이 구상했던 문화권의 모습과 다른 곳들을 수정하여 그림을 완성한다. - 완성된 그림을 프롬프트와 함께 공유한다.
정리	3) 작성한 그림 공유하기 - 오개념 피드백 및 전체 학습 정리 - 차시 학습 예고

▶ **수업 전 준비(교육) 사항**

- 이미지 생성형 AI로는 코파일럿, 플레이그라운드 AI, 제미나이 등이 있습니다. 회원가입이 필요하므로 학생이 미리 가입하거나, 수업 중에 회원가입 하는 시간을 제공해야 합니다.
- 수업 내용과 관련해 모든 세부 영역의 예시를 준비하면 좋습니다. 문화권 수업을 예시로 들면, 유럽 문화권, 건조 문화권, 동양 문화권, 북극 문화권 등 가능한 한 모든 문화권의 예시를 준비합니다.

▶ **교수학습 내용**

1) 다양한 문화권 모습 복습하기

활동과 관련된 내용을 간단히 복습, 정리합니다. 해당 내용을 바탕으로 이미지 생성 활동이 진행된다는 점을 안내하고, 이전 수업 내용을 간단히 복습하면, 이미지를 만드는 과정에 소요되는 시간과 시행착오를 훨씬 줄일 수 있습니다.

2) 문화권 선택 후 AI로 해당 문화권의 모습 그리기

원하는 주제를 하나 선택하여 해당 주제의 특징을 잘 드러내는 이미지를 생성하도록 안내합니다. 활동지를 바탕으로 세부적인 내용들을 정리한 뒤 프롬프트를 작성하도록 안내하면 훨씬 쉽게 이미지를 생성할 수 있습니다. ─활동지 1번 문항

다음은 활동지를 바탕으로 작성한 프롬프트와 생성된 결과물입니다.

> 🙂 **사용자**
> 건조 문화권의 모습을 그려 줘. 왼쪽에는 건조기후의 집이 있어. 집의 지붕은 편평하고 흙으로 만들어졌어. 집의 창문은 매우 작아. 집 뒤쪽으론 사막과 오아시스가 보여. 사람이 있는데, 온몸을 감싸는 형태의 헐렁한 의복을 입었어. 낙타도 한 마리 있어.

코파일럿의 결과물 　　　 플레이그라운드 AI의 결과물 　　　 제미나이의 결과물

프롬프트를 정확하게 입력했더라도 잘못된 결과물이 출력될 수 있습니다. 오류 수정 방식은 AI마다 조금씩 차이가 있습니다. 코파일럿과 제미나이는 추가 채팅을 통해 그림을 수정하며, 플레이그라운드 AI는 캔버스 기능을 이용하거나, 잘못 출력된 오브젝트를 선택해 수정합니다.

㉠ 코파일럿의 수정

>  **사용자**
> 집 지붕은 편평해야 해. 경사가 없어.

지붕 모양에 오류가 있는 결과물　　　　AI가 수정한 결과물

㉡ 플레이그라운드 AI의 수정

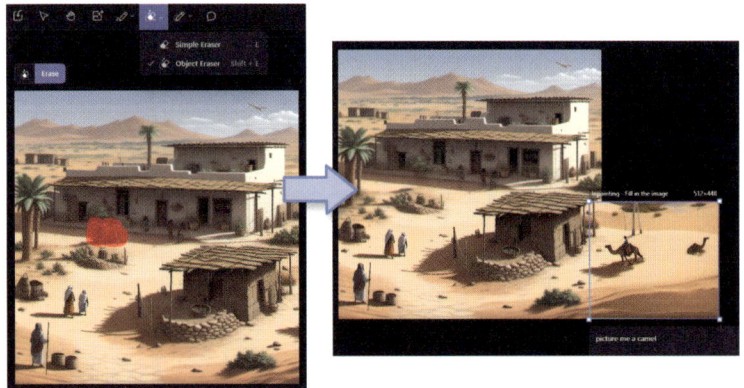

건물 앞의 낙타를 옆으로 옮긴 모습. 필요한 부분을 선택하여 수정하거나 캔버스 기능으로 지울 수 있습니다.

 **수업 Tip!**

- AI의 결과물의 오류 가능성을 미리 안내합니다.
- 특별히 강조하고 싶은 부분이 있을 때는 세부 주제를 정하면 좋습니다. 예를 들어 아프리카 문화권 그림에서 열대기후의 모습이나 플랜테이션 농업, 내전이 발발한 모습을 강조하면, 같은 주제에서도 다양한 결과물이 나올 수 있습니다. 학생들이 이런 특징을 염두에 두고 주제를 선정하면 더욱 완성도 높은 결과물이 나올 수 있습니다.
- 단순히 "어떤 것을 그려 줘."라고 하면 원하는 그림을 얻을 확률이 무척 낮습니다. "이미지 왼편엔 무엇이 있고, 오른편에는 무엇이 있다." 하는 식으로 세세하게 프롬프트를 작성해야 합니다. 학습지를 활용하면 프롬프트 작성 원리를 익힐 수 있습니다. 프롬프트를 입력하는 자세한 방법은 「2부 8장. 새로운 미술, Next Art의 시작」을 참고하면 좋습니다.

"건조 문화권을 그려 줘."라고만 요청했을 때 나온 오류 있는 결과물

- AI와 대화하며 그림을 완성할 수도 있지만, 프롬프트를 구체적으로 작성하여 한 번에 입력하면 더 효율적입니다.
- 플레이그라운드 AI의 경우에는 프롬프트를 영어로 입력해야 합니다. 우선

한글로 작성한 뒤 구글 번역기 등을 이용해 영어로 번역하면 됩니다. 만약 연령대가 낮은 학생들이라면 한글로 프롬프트 입력이 가능한 코파일럿을 추천합니다.

3) 작성한 그림 공유하기

짧은 시간에 결과물을 산출했으므로 그림에 오류가 있을 가능성이 매우 높습니다. 따라서 이를 바로잡는 단계가 반드시 필요합니다. 학생들이 생성한 그림과 프롬프트를 패들렛, 구글 클래스룸 등을 통해 공유한 뒤, 서로의 그림을 보며 오류를 찾습니다. 오류의 원인이 학생에게 있을 수도 있고, AI에 있을 수도 있습니다. 그러므로 프롬프트를 공유해야 오류의 원인을 쉽게 찾을 수 있습니다. 다음은 오류가 있는 결과물입니다.

> 🧑 **사용자**
> 북극 문화권을 그려 줘. 사람들이 순록들을 데리고 유목하고 있어. 배경은 설원이야. 이글루도 하나 있어.

북극 문화권을 표현한 그림입니다. 그림을 보시면 전통 가옥의 형태가 잘못된 것을 알 수 있습니다. 그림 속 가옥은 이글루와 이동식 가옥이 혼합된 형태입니다. 프롬프트를 보면 학생은 '이글루'라고 정확하게 입력했으므로 AI의 오류라는 점을 쉽게 판단할 수 있습니다. 또한 북극 문화권에서는 침엽수림을 보기 힘듭니다. 하지만 학생이 수정 요구를 하지 않았으니, 학생이 오류를 인지하지 못한 상황입니다. 이 경우, 북극 문화권의 자연환경을 다시 한번 설명하면서 오류를 바로잡으면 됩니다.

이처럼 오류를 찾는 활동은 자연스럽게 각 문화권에 대한 지식을 복습하도록 도와줍니다. 차시에 여유가 있다면, 공유한 그림들을 학생들에게 나눠 주고 서로 오류를 찾게 해도 좋습니다.

수업 Tip!

- 모든 세부 주제의 이미지를 준비해 두거나 실제 사진을 준비하면 좋습니다. 오로지 학생의 선호에 따라 주제를 선택해서 수업이 진행되기 때문에, 특정 주제를 아무도 선택하지 않을 수 있습니다. 이 경우를 대비해 교사가 미리 모든 제재의 이미지를 준비해 둔다면 놓치는 주제 없이 수업을 진행할 수 있습니다. 또한 실제 사진을 보면서 학생들이 자신의 그림을 비교해 보는 것도 해당 내용의 이해도를 높이는 데 도움이 됩니다.
- 만약 사전에 준비할 시간이 부족하다면, 수업 중 단순한 프롬프트를 입력하여 일부러 오류가 있는 그림을 생성하고, 학생들과 같이 오류를 찾아 바로잡는 활동을 제안합니다.

▶ 평가는 이렇게

이 수업을 기반으로 다양한 문화권에 대한 학생들의 이해도를 평가할 수 있습니다. 모둠별 또는 개인별로 진행할 수 있으며, 학생들은 자신이 담당한 문화권의 특징을 그림으로 그려 제출하거나 발표를 통해 설명할 수 있습니다. 그뿐만 아니라 자기평가를 통해 개인의 성장 정도를 점검하고, 이를 과목 세부능력 및 특기사항에도 활용할 수 있습니다.

평가 유형		결과물 제출, 발표
평가 기준	잘함	다양한 문화권의 특징을 파악하고, 이를 구체적인 그림으로 생성할 수 있다.
	보통	다양한 문화권의 특징을 파악하고, 이를 부족하게나마 그림으로 생성할 수 있다.
	노력 요함	다양한 문화권의 특징을 파악했으나, 이를 그림으로 생성하는 데 어려움이 있다.

활동지
문화권 생활 모습 그리기
학번: 이름:

1. 내가 선택한 문화권

구분	구체적인 내용(이 내용을 자세하게 기술하면 프롬프트가 됩니다.)
의복 문화	
음식 문화	
주거 문화	
자연환경	
(　　) 문화	
(　　) 문화	
(　　) 문화	

2. 위 내용을 바탕으로 이미지 생성형 AI에 입력할 프롬프트를 작성해 봅시다. 자세하게 쓸수록 좋습니다.

예시
건조 문화권의 모습을 그려 줘.
사람들은 온몸을 감싸는 형태의 얇은 하얀색 옷을 입고 여성은 히잡을 쓰고 있어. 집의 형태는 집의 지붕은 편평하고 흙으로 만들어졌어. 집의 창문은 매우 작아. 날씨는 맑아. 집 뒤에는 사막과 오아시스가 보여. 낙타도 한 마리 있어.

8장 | 미술

새로운 미술, Next Art의 시작

조형 원리 구현하기

_문담

- **대상** 전 학년
- **과목** 미술
- **주제** 조형 원리 이해하기, 다양한 매체로 작품 만들기
- **사용 AI** 코파일럿 디자이너, 미드저니

어떤 목표를 달성할 수 있을까?

수업 목표
새로운 방식의 미술 활동을 체험하고 이를 통해 조형 원리의 특징을 탐색하고 활용할 수 있습니다.

성취 기준

【초등】

2015 개정 교육과정
- [6미-01-05] 미술 활동에 타 교과의 내용, 방법 등을 활용할 수 있다.
- [6미-02-04] 조형 원리(비례, 율동, 강조, 반복, 통일, 균형, 대비, 대칭, 점증 * 점이, 조화, 변화, 동세 등)의 특징을 탐색하고, 표현 의도에 적합하게 활용할 수 있다.

2022 개정 교육과정
- [6미-02-02] 디지털 매체 등 다양한 표현 재료와 용구를 탐색하여 작품 제작에 활용할 수 있다.
- [6미-02-03] 조형 요소의 어울림을 통해 조형 원리를 이해하고 주제 표현에 연결할 수 있다.

【중·고등】

2015 개정 교육과정
- [9미-02-03] 주제의 특징과 표현 의도에 적합한 조형 요소와 원리를 탐색하여 효과적으로 표현할 수 있다.
- [12미-02-02] 조형 요소와 원리를 다양하게 응용하여 창의적으로 표현할 수 있다.

2022 개정 교육과정
- [9미-02-03] 조형 요소와 원리, 표현 재료와 방법, 디지털 매체를 포함한 다양한 매체를 활용하여 주제를 효과적으로 표현할 수 있다.

생활기록부 키워드
조형 원리와 특징, 생성형 AI, 비판적·창의적 사고력, 능동적인 태도, AI 활용 능력, 타 교과와 연계, 분석 능력, 친구들과 공유

어떤 수업을 할 수 있을까?

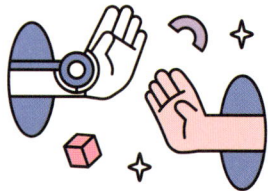

시중에 여러 관련 도서와 각 시도 교육청의 AI 활용 수업 지도안을 살펴보면 거의 모두 주요 과목만 다루고 있습니다. 주로 '기계학습'이나 챗GPT를 이용하여 수업을 진행하는 방식으로 구성하고 있죠. 그러나 현재 AI 기술의 진보가 가장 눈부신 분야는 바로 예술, 특히 이미지 영역입니다. 2022년에는 이미지 생성형 AI '미드저니'를 이용한 그림이 미술대회에서 우승하기도 했습니다. 이미지 생성형 AI는 누구나 쉽게 활용할 수 있으며, 일정 수준의 결과물을 보장하므로 수업에 활용하기 적합합니다. 초등학생부터 고등학생까지 수준별 지도도 어렵지 않게 수행할 수 있습니다.

본 수업은 새로운 방식의 미술 활동을 체험하고 이를 통해 조형 원리의 특징을 탐색하고 활용할 수 있도록 하는 것을 목표로 설정하였습니다. 따라서 생성형 AI를 다룬 경험이 거의 없고, 미적 표현 능력이 뛰어나지 않은 학생을 대상으로 수업을 구성하였으며, 로웬펠드^{Lowenfeld}의 아동미술 발달단계•를 기반으로 목표를 세분화하였습니다.

징밀 많은 학생이 초등학생 때부터 미술을 포기합니다. 단순히 미술에 흥미를 못 느껴져서 그럴 수도 있지만, 보통은 자신이 그림을 잘 못 그린다는 좌절감 때문에 포기합니다. 좌절감을 더 느끼기 싫어서 일찌감치 포기하는 것이죠. 우리 주변에 아름다움이 이렇게나 많은데, 이를 보지 못하게 된다니 너무나도 안타까운 일입니다. AI 기술을 활용한 미술 수업을 통해 그림에 자신이 없어도 미술을 즐길 수 있도록 새로운 방식의 Next Art 체험 수업을 준비해 봅시다.

【초등】

단계	교수학습 내용
도입	1) AI로 제작한 우수 작품 감상하기 - AI로 만든 작품 감상, 특징 파악, 느낀 점 공유

전개	2) 조형 원리 이해하기
	  - 대상을 표현하는 데 강조하고 싶은 특징이나 느낌을 하나씩 정하기
	  - 해당 특징이나 느낌을 추가한 프롬프트를 입력하여 그림 생성 및 선정하기
	  - 해당 그림을 선정한 이유를 공유하며 다양한 조형 원리 학습하기
	3) 코파일럿 디자이너 사용법을 이해하고 작품 제작하기
	  - 코파일럿 디자이너의 사용법 학습하기
	  - 자기 생각이 잘 드러나고 조형 원리를 포함한 프롬프트 제작 및 입력, 결과물 선택하기
	4) 제작한 작품 공유하기
	  - 결과물 공유 및 감상하기
	  - 결과물을 분석하여 조형 원리, 프롬프트 내용 추론하기
	  - 작품과 댓글을 같이 보며 다양한 조형 원리 개념화하기

정리	5) 느낀 점 공유 및 전체 수업 정리하기
	  - 조형 원리를 미술 활동에 적용하면서 느낀 점 발표하기
	  - 새로운 방식으로 미술 활동에 임한 뒤 느낀 점 발표하기

● 초등(의사실기, 11~13세): 조형 원리를 이해하고 표현 목적에 알맞은 조형 원리를 선택할 수 있다. 중등(결정기, 13~17세): 표현하고자 하는 목적에 어울리는 조형 요소와 원리를 분석할 수 있다.

【중·고등】

단계	교수학습 내용
도입	1) AI로 제작한 우수 작품 감상하기 　- AI로 만든 작품 감상, 특징 파악, 느낀 점 공유
전개	2) 조형 요소와 원리 이해하기 　- 목적에 따라 대상을 표현하는 데 강조하고 싶은 특징이나 느낌을 하나씩 정하기 　- 해당 특징이나 느낌을 추가한 프롬프트를 입력하여 그림 생성 및 선정하기 　- 해당 그림을 선정한 이유를 공유하며 다양한 조형 원리 학습하기 3) 미드저니 사용법을 이해하고 작품 제작하기 　- 미드저니의 사용법 학습하기 　- 표현하고 싶은 주제와 표현 의도를 고려하여 적절한 조형 요소와 대상 및 효과를 정해 프롬프트 구성하기 　- 미드저니에 프롬프트 입력, 결과물 선택하기 　- 결과물에 하나의 조형 원리를 추가한 프롬프트를 입력하여 새로운 결과물 선택하기 4) 제작한 작품 공유하기 　- 결과물 공유 및 감상하기 　- 결과물을 분석하여 조형 원리, 프롬프트 내용 추론하기 　- 작품과 댓글을 같이 보며 다양한 조형 원리 개념화하기
정리	5) 느낀 점 공유 및 전체 수업 정리하기 　- 조형 요소와 원리를 미술 활동에 적용하면서 느낀 점 발표하기 　- 새로운 방식으로 미술 활동에 임한 뒤 느낀 점 발표하기

▶ 수업 전 준비(교육) 사항

- 코파일럿 디자이너를 사용하기 위해서는 Microsoft 계정이 필요합니다. 13세 미만의 어린이는 이용이 불가합니다. 14세 이상 18세 미만이면 부모 또는 보호자의 동의를 받아야 합니다. 학생들이 자신이 만든 프롬프트를 가지고 오면 교사가 일일이 입력해서 결과물을 얻거나, 학교 단체 계정을 만드는 등 여건에 맞는 방식을 선택해야 합니다.
- 프롬프트를 직접 입력할 수 있는 최소한의 타자 능력이 필요합니다. 요즘 아이들에게 '전화기'를 묘사하라고 하면 스마트폰 쥐는 손동작을 보입니다. 예전만 해도 컴퓨터의 학교 도입과 워드프로세서 열풍으로 대부분 타자를 능숙하게 입력할 수 있었으나, 요즘 학생들은 컴퓨터보다

스마트폰 접할 일이 많아 대부분 독수리 타법을 사용합니다. 프롬프트 입력을 위해서라도 한글 타자 입력 속도가 최소 100타 이상은 되도록 사전에 연습 시간을 제공하면 좋습니다.

▶ **교수학습 내용**

1) AI로 제작한 우수 작품 감상하기

AI를 이용한 작품과 사람이 만든 작품을 동시에 보여 주며 어느 쪽이 AI의 작품인지 맞혀 보도록 합니다. 이를 통해 'AI가 이런 작품도 만들 수 있구나, 사람이 만들어 낸 작품인 것 같다.'라는 생각을 유도합니다. 더불어 AI로 만든 작품의 특징을 자유롭게 얘기해 보도록 합니다.

💡 **수업 Tip!**

- 다양한 플랫폼, 다양한 스타일의 AI 작품을 제시해서 학생들이 넓은 시야를 가질 수 있도록 합니다('이미지 생성형 AI', '생성형 이미지' 등으로 검색하면 쉽게 찾을 수 있습니다).

2) 조형 원리 이해하기

학생들에게 우선 표현할 대상을 제공합니다. 대상을 표현할 목적에 따라 강조하고 싶은 특징이나 느낌을 하나씩 정하게 합니다. 이때 너무 막연하지 않도록 목적과 특징의 예시를 제공합니다. 교사가 미리 준비한 프롬프트에 선택한 특징이나 느낌을 추가하여 코파일럿 디자이너에 입력합니다. 생성된 네 컷의 그림을 보고 처음 생각한 특징이나 느낌이 가장 잘 드러난 작품을 선택한 뒤, 선정한 이유를 발표하도록 지도합니다. 이 과정에서 다양한 조형 원리(비례, 율동, 강조, 반복, 통일, 균형, 대비, 대칭, 점증·점이, 조화, 변화, 동세 등)의 개념을 구체화합니다.

조형 원리를 활용한 이미지 생성.

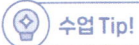 수업 Tip!

- AI 기술 활용이 아니라, 특징과 느낌을 표현하는 과정을 통해 조형 원리의 개념을 파악하는 데 집중하도록 유도합니다.

3) [초등] 코파일럿 디자이너 사용법을 이해하고 작품 제작하기

학생들은 이 단계에서 코파일럿 디자이너를 적극적으로 활용하게 됩

니다. 먼저 교사가 직접 시연하는 것을 따라 하며 코파일럿 디자이너의 사용법을 익힙니다. 이후 활동지의 문항을 따라가며 프롬프트를 작성합니다. 프롬프트를 작성하는 대상, 시간이나 날씨, 장소, 행동, 변화, 특징을 선택하여 다른 사람들에게 보여 주고 싶은 장면이나 자기 생각, 느낌을 시각화합니다. 여기에 바로 전 활동에서 익힌 조형 원리를 하나 선택하여 프롬프트를 완성합니다. 프롬프트를 코파일럿 디자이너에 입력하여 완성된 네 컷의 작품 중 조형 원리가 가장 명징하게 드러나면서도 자신의 의도와 가장 비슷한 작품 한 개를 선택하도록 합니다.

 사용자
우중충한 날씨의 도심 속 사거리를 걸어가는 사람들, 대칭 효과

코파일럿 디자이너를 활용한 이미지 생성.

여기서 중요한 점은 프롬프트와 조형 원리의 합이 잘 맞을 때가 있고 아닐 때가 있다는 것입니다. 어울리지 않는 내용과 조형 원리가 결합한 프롬프트를 입력하면, 조형 원리가 제대로 드러나지 않거나 의도와 전혀 다른 방향의 작품이 도출됩니다. 우선 학생이 여러 번의 시행착오를 거칠 수 있도록 충분한 기회를 제공합니다. 이후에도 어려움을 겪는다면 교사가 미리 준비한 프롬프트를 제공하여 조형 원리가 명확히 드러난 작품을 만들어 내도록 지원합니다.

"신나게 뛰어놀고 있는 강아지들, 동세 효과."라는 프롬프트의 결과물. 네 컷 모두 동세 효과가 잘 나타나는 결과물이 출력되었습니다.

본 활동의 핵심은 우수한 프롬프트 만들기가 아닙니다. 자신의 의도나 심상을 나타내는 데 필요한 조형 원리를 AI라는 기술로 표현해 보는 경험이 핵심입니다. 교사와 학생 모두 이 점을 염두에 두어야 합니다.

수업 Tip!

- AI 활용 소양이 뛰어나거나 활동을 일찍 끝마쳐 시간이 남는 학생은 다른 조형 원리를 적용한 새로운 프롬프트를 구상하여 작품을 추가로 만들게 합니다.
- 컴퓨터 활용 능력이 부족한 학생의 경우, 학생이 만든 프롬프트를 교사가 대신 입력하여 결과물을 선택하도록 합니다.
- 의도가 잘 드러나는 높은 수준의 결과물을 만들기 위해서는 당연하게도 프롬프트가 적절해야 합니다. 단순히 프롬프트 예시를 제시하는 데서 그치지 않고 한 부분씩 차근차근 설명해야 학생들이 자신의 심상을 구체적으로 작성할 수 있습니다.
- 프롬프트를 작성할 때 **[관형구(형용사 + 명사) + 주어(동사 + 명사), 조형 원리]** 순서로 입력합니다.
  예) [관형구]우중충한(형용사) 날씨(명사)의 [주어]사거리를 걸어가는(동사) 사람들(명사), [조형원리]대비 효과
- 조형 원리를 잘 드러내려면 그릴 대상을 복수(2개체 이상)로 입력하는 게 좋습니다. 작성한 프롬프트의 결과물에 조형 원리가 드러나지 않는 경우가 있습니다. 각 조형 원리가 잘 드러나는 프롬프트 예시를 미리 준비하면 돌발 상황에 대처할 수 있습니다.
- [중·고등 대상] 프롬프트 제작 과정에서 챗GPT와 연계하면 좋습니다.
  예) 챗GPT를 통해 이야기 상세히 구성하기, 어울리는 화풍/기법 등 추천받아 선택하기 등
- [중·고등 대상] 심화형 AI로 미드저니를 추천합니다. 미드저니의 프롬프트는 코파일럿 디자이너보다 더욱 자세하게 작성하도록 지도합니다(스타일,

취향 및 영감, 지역/날씨, 미술 기법/촬영기법, 효과/연출, 해상도 등). 미드저니는 작품의 재생산(기존 그림에 추가 프롬프트 입력)이 가능합니다. 기존 그림에 조형 원리가 추가된 그림을 만들어 두 개를 서로 비교하는 식으로 활동을 진행하면 조형 원리를 더욱 쉽게 이해할 수 있습니다(중·고등 수업 지도안 참고).

3) [중·고등] 미드저니 사용법을 이해하고 작품 제작하기

학생들은 이 단계에서 미드저니를 적극적으로 활용하게 됩니다. 먼저 교사가 직접 시연하는 것을 따라 하며 미드저니의 사용법을 익힙니다. 이후 활동지의 문항을 따라가며 프롬프트를 만들어 갑니다. 프롬프트를 구성하는 두 줄 내외의 이야기를 구상한 뒤 화풍, 날씨, 장소, 미술 기법(촬영 기법), 연출, 모방할 작가나 감독, 작품을 선택하여 다른 사람들에게 보여 주고 싶은 장면이나 자기 생각, 느낌을 시각화합니다. 여기에 직전 활동에서 익힌 조형 원리를 하나 선택하여 프롬프트를 완성합니다. 완성한 프롬프트를 미드저니에 입력하면 네 컷의 작품이 완성됩니다. 그중 조형 요소와 원리가 가장 명징하게 드러나면서도 자신의 의도와 가장 가까운 작품 한 개를 선택하도록 합니다.

> 💡 **수업 Tip!**
>
> - 미드저니가 다른 이미지 생성형 AI와 차별화된 점으로 크게 두 가지를 꼽을 수 있습니다. ① 자신의 의도를 명확히 드러내기 위해 생성된 이미지에 새로운 프롬프트를 추가하여 이미지를 여러 번 수정(재생산)할 수 있습니

다. ② 이미지를 분석하여 해당 이미지 생성에 쓰인 프롬프트를 추론하는 기능입니다. 이 두 가지의 기능을 적절히 활용한다면 더욱 생산적인 수준별 학습이 가능할 것입니다.

4) 제작한 작품 공유하기

앞선 활동에서 만든 작품을 공유하여 다른 학생의 작품을 감상하고 조형 원리의 개념을 공고히 하는 단계입니다. 작품을 공유하고 의견을 나눌 만한 플랫폼으로는 패들렛이 보편적입니다. 하지만 기능 개선을 통해 매력적으로 변모하는 여타 플랫폼이 많기에 활동 진행 시에 적당한 플랫폼을 자유롭게 선택하면 됩니다.

다른 학생의 작품을 감상할 때 "잘 만들었다. 훌륭해!" 같은 추상적인 평가에 그치지 않도록 사전에 구체적인 감상 방법을 안내합니다. 작품을 분석하여 ① 어떤 조형 원리가 드러나 있는지, ② 프롬프트의 내용은 무엇일지 추론하게 합니다. 교사가 한 작품을 예로 들어 직접 조형 원리와 프롬프트를 추론하는 과정을 보여 주면, 학생들도 쉽게 따라 할 수 있습니다. 패들렛에 공유된 작품에 학생들 나름대로 분석한 조형 원리와 프롬프트 내용을 댓글에 적도록 합니다(물론 느낀 점도 같이 쓰게 해야 정서적 교류를 활발히 할 수 있겠죠). 이때 시간을 충분히 할애하여 자신의 작품에 달린 댓글과 다른 학생의 작품 댓글을 모두 살펴볼 수 있게 합니다.

마지막으로 교사의 주도하에 각 작품에 어떤 조형 원리가 쓰였는지, 프롬프트 내용은 무엇인지 댓글의 추측과 비교하며 확인합니다. 이 과정에서 이전에 학습한 다양한 조형 원리의 개념을 확립합니다.

 **수업 Tip!**

- 임의의 예시 작품을 분석하는 것보다 학생이 공유한 작품 중 하나를 선택하여 조형 원리 분석과 프롬프트 추론 시범을 보이면 더욱 효과적입니다.
- 일부 학생은 근거 없이 부정적이기만 하고 불필요한 댓글을 달기도 합니다. 교사가 수시로 댓글을 확인하며 주의를 주어야 합니다.

5) 느낀 점 공유 및 전체 수업 정리하기

본 단계에서는 느낀 점 두 가지를 발표하여 공유합니다. ① 조형 원리를 미술 활동에 적용하면서 느낀 점, ② 새로운 방식으로 미술 활동을 하며 느낀 점입니다. 이 중에서 우선으로 되돌아봐야 하는 점은 바로 ①입니다. 이 수업은 미술에 AI를 융합한 미술 수업이지 정보 수업이 아닙니다. 학생들이 '굳이 힘들게 그리지 않아도 멋진 작품을 얻을 수 있으니까 편리하고 좋네!'가 아니라 '조형 원리를 사용하면 강조하고 싶은 특징이나 느낌을 분명하게 드러낼 수 있구나!'라는 생각을 얻은 채로 수업이 끝나야 목표를 달성했다고 할 수 있습니다.

▶ **평가는 이렇게**

본 수업을 바탕으로 조형 원리의 특징을 이해하고 있는지, AI를 이용하여 조형 원리가 잘 드러나는 미술 작품을 만들어 낼 수 있는지 평가합니다. 중·고등 대상으로는 조형 요소와 원리의 개념화, AI를 이용하여 주제를 효과적으로 표현할 수 있는지 평가합니다.

평가 유형		상호평가, 관찰
평가 기준	잘함	조형 원리의 특징을 이해하고 있으며 AI를 이용하여 조형 원리가 잘 드러나는 미술 작품을 만들어 낼 수 있다.
	보통	조형 원리의 특징을 이해하고 있으며 AI를 이용하여 조형 원리가 일부 드러나는 미술 작품을 만들어 낼 수 있다.
	노력 요함	조형 원리의 특징을 대략 이해하고 있으며 AI를 이용하여 미술 작품을 만들어 낼 수 있다.

▶ **수업 후 학생 반응**

이번 수업을 통해 학생들이 얻을 수 있는 가장 큰 결과물은 바로 '미술에 대한 흥미와 자신감'입니다. 모든 학생이 그림을 사실적으로 그릴 필요는 없습니다. 미적 감각을 익히고 미술에 대한 흥미를 형성하는 것이야말로 보편적인 미술 수업의 목표입니다. 이번 활동을 통해 학생들은 '사실적으로 그려야 한다.'는 선입견에서 어느 정도 해방된 모습을 보였습니다. 이같은 수업이 많아진다면 학생들이 지레 포기하는 일 없이, 미술을 그 자체로 즐길 수 있으리라 생각합니다.

활동지A

프롬프트 구성하기 (초등: 코파일럿 디자이너)

학번: 이름:

1. 이야기 구성하기

아래 4개 중 3개 이상을 골라 표현하고 싶은 단어를 각각 정해 봅시다(보기에 있는 단어 말고 원하는 단어를 적어도 됩니다. 대상은 필수로 선택합니다).

① 대상: (   )

    보기: 리트리버(강아지), 자동차, 사람들, 고양이, 로봇, 비행기, …

② 시간/날씨: (   )

    보기: 새벽, 밤, 아침, 비 오는, 우중충한, 화창한, 일몰, 겨울, …

③ 장소: (   )

    보기: 우주, 폭포, 쇼핑몰, (사)거리, 서울, 뉴욕, 만리장성, 절벽, 아파트, …

④ 행동/변화/특징: (   )

    보기: 걸어가는, 역동적인, 오래된, 날아다니는, 뛰어노는, 손잡고 있는, …

2. 조형 원리 선택

아래 조형 원리 중 하나를 선택해 봅시다.

> 비례, 율동, 강조, 반복, 통일, 균형, 대비, 대칭, 점증·점이, 조화, 변화, 동세

3. 프롬프트 완성

1번에서 선택한 단어들과 2번에서 선택한 조형 원리를 합친 문장을 만들어 봅시다.

예) 우중충한 날씨의 사거리를 걸어가는 사람들, 대비 효과

_____
_____
_____
_____
_____

활동지B

프롬프트 구성하기 (중·고등: 미드저니)

학번: 이름:

1. 이야기 구성하기

2~3문장으로 이루어진 짧은 이야기를 만들어 봅시다(상태를 나타내는 다양한 표현이 많으면 더욱 멋진 그림이 만들어집니다).

예) 아름다운 여성 작가가 아늑한 카페 창가에 앉아 시를 쓰고 있습니다. 창밖에는 눈이 내리고 있어 쓸쓸한 느낌이 듭니다.

_____

_____

_____

_____

2. 여러 가지 효과를 골라 봅시다(영역별로 2개까지 골라도 되며 새로운 효과로 정해도 됩니다).

① 화풍(스타일)

| 애니메이션 | 유화 | 웹툰 | 스케치 |
| 3D | 픽셀 아트 | 흉상(胸像) | 직접 작성 |

212 생성형 AI로 수업 레벨 업

② 날씨

비 오는	눈 오는	화창한	직접 작성

③ 장소

우주	바다	쇼핑몰	직접 작성

④ 미술 기법(촬영 기법)

모자이크	점묘법	콜라주	데칼코마니
사진_로우 앵글	사진_버드뷰	영상_글리치	직접 작성

⑤ 연출

역동적인	폭발하는	낡아 보이는	직접 작성

⑥ 좋아하는 작가나 감독, 작품

오징어게임	파블로 피카소	H. R. 기거	팀 버튼
쿠사마 야요이	안도 다다오	오귀스트 르누아르	직접 작성

3. 조형 원리 선택

아래 조형 원리 중 하나를 선택해 봅시다.

비례, 율동, 강조, 반복, 통일, 균형, 대비, 대칭, 점증·점이, 조화, 변화, 동세

4. 프롬프트 완성

1번 이야기와 2번에서 선택한 여러 가지 효과들을 합친 영어 문장을 만들어 봅시다(프롬프트 마지막 'denoise, --ar 3:2, -q 2'는 그대로 사용합니다).

예) A beautiful female writer is sitting by the window, in a cozy cafe, snowing outside, lonely, contrast effect, oil painting + cinematic lightning, in the style of Ando Dadao, denoise, --ar 3:2 —q 2

_____

_____

_____

, denoise, --ar 3:2, -q 2

5. 적용하기

- 4번에서 만든 프롬프트를 미드저니에 입력한 뒤 결과물을 선택해 봅시다.
- 조형 원리를 추가한 프롬프트를 입력한 뒤 체크리스트를 참고하여 두 번째 결과물을 선택해 봅시다.

	체크리스트 문항	예	아니오
1	조형 요소와 원리가 입력한 대로 표현되었는가?		
2	의도했던 생각이나 느낌이 충분히 표현되었는가?		
3	전과 비교하여 조형 원리를 추가했을 때 유의미한 변화가 일어났는가?		

9장 | 기술

야, 나도 챗봇 만들 수 있어

문제 해결 챗봇 만들기

_장세라

대상	전 학년
과목	기술
주제	챗봇 만들기
사용 AI	POE, 챗GPT, 제미나이, 코파일럿

어떤 목표를 달성할 수 있을까?

수업 목표
생활 속에서 정보통신기술과 관련된 문제를 발견하고 구체적인 예시를 들어 설명할 수 있다. 챗GPT로 자료를 수집할 수 있으며, 수집한 자료를 여러 챗봇의 형태에 맞게 변형할 수 있다. 제작한 챗봇의 오류를 발견하고 되먹임 과정을 진행하면서 비판적 사고 능력을 키울 수 있다. 자료와 정보의 차이를 이해하고 자료를 정보로 만들기 위해 거쳐야 하는 과정을 알 수 있다. 잘못된 정보를 선별하고 정보의 신뢰도와 타당도를 높일 수 있다.

성취 기준

2015 개정 교육과정
- [9기가-04-18] 정보통신기술과 관련된 문제를 이해하고, 해결책을 창의적으로 탐색하고 실현하며 평가한다.

2022 개정 교육과정
- [12기가-06-02] 초연결사회와 정보통신 관련 공학 문제를 공학적 문제해결 과정을 통해 해결하고, 산출물 평가를 통해 공학적 의사소통의 중요성을 인식한다.

생활기록부 키워드
문제해결 능력, 비판적·창의적 사고력, AI 활용 능력, 자료 선별 능력, 정보의 구조화 등

어떤 수업을 할 수 있을까?

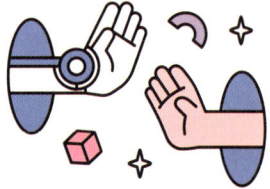

챗GPT 공개 후 1년 동안, 저와 학생들은 AI를 활용하며 정보를 수집, 가공하는 과정을 체험했습니다. 학생들은 챗GPT의 다양한 답변을 보고 챗GPT가 그렇게 답한 이유를 추론하거나, 챗GPT로부터 원하는 답을 얻기 위해 질문을 수정하는 등 창의적인 모습을 보였습니다. 특히 인상 깊었던 점은 아이디어를 실현하는 데 AI가 큰 도움을 준다는 점이었습니다. 실제 수업에서 많은 학생이 독창적이고 실용적인 아이디어를 제시했지만, 앱이나 프로그램으로 구현하는 데 어려움을 겪었습니다. 이때 AI로 아이디어를 손쉽게 구현하고 나면 성취감까지 느낄 수 있었죠. 이러한 과정들을 보면서 AI가 교육적으로도 큰 의미가 있겠다는 생각이 들었고, 어려운 코딩이나 프로그래밍 지식 없이도 간단히 챗봇을 만드는 활동을 구상해 보았습니다.

단계	내용
1차시	1) 정보통신기술의 의미와 정보기술 시스템의 단계별 요소 복습하기 　- 정보통신기술의 의미 　- 정보기술 시스템의 단계별 요소: 투입, 과정, 산출, 되먹임 2) 챗봇이 활용되는 다양한 사례 제시, 수업 활동 안내하기
2~5차시	3) 모둠 활동을 통해 문제를 탐색하고, 자료를 수집 및 처리하여 챗봇 제작하기 　- 실생활에서 마주칠 수 있는 정보통신기술 문제 탐색하기 　- 문제해결을 위한 자료 수집하기 4) 선정한 정보통신기술 문제를 해결하기 위해 자료 수집하기 5) 챗봇 제작하고 테스트하기 　- 활동을 위한 사이트 소개(POE, 뤼튼) 　- 각 사이트의 사용법을 안내하여 기능에 익숙해지도록 하기 6) 제작한 챗봇 공유 및 실사용해 보기 　- 챗봇 공유 및 발표 　- 다른 모둠의 챗봇 사용 후 피드백 남기기
6차시	7) 챗봇 제작 후기 나누기

▶ 수업 전 준비(교육) 사항

· **뤼튼 스튜디오**의 경우 별도의 회원가입이 필요합니다. Google이나 네이버 계정과 연동할 수 있으므로 모둠원 중 1명이 계정을 사용할 수 있도록 안내합니다.

· 프롬프트를 직접 입력할 수 있는 최소한의 타자 능력이 필요합니다.

▶ 교수학습 내용

1) 정보통신기술의 의미와 정보기술 시스템의 단계별 요소 복습하기

'정보통신'이란 수집, 가공 및 처리한 정보를 송수신하는 모든 과정을 말합니다. 이때 사용되는 기술을 정보통신기술이라고 하며 정보기술 시스템에 따라 이루어지게 됩니다. 인터넷 검색 사이트에서 정보를 수집하는 일이나 SNS로 친구에게 연락하거나 사진을 공유하는 일 역시 정보통신기술을 이용한 예시 중 하나입니다.

    정보기술 시스템은 투입, 과정, 산출, 되먹임의 단계로 이루어집니다. 투입 단계에서는 정보를 생산하기 위해 필요한 것들이 투입됩니다. 과정 단계에서는 정보를 생산하고, 산출 단계에서 필요한 정보가 완성됩니다. 되먹임 단계에서는 문제가 발생하게 될 경우, 이를 해결하기 위해 문제가 발생한 단계로 돌아가 수정, 보완하는 과정을 거칩니다.

2) 챗봇이 활용되는 다양한 사례 제시, 수업 활동 안내하기

    챗봇이 활용되는 사례를 제시하면서 학생들의 동기를 유발합니다. 학생들에게 챗봇 사용하는 모습을 직접 보여 주면 좋습니다. 뤼튼 스튜디오에 공개된 무료 챗봇이나 GPTs에 공개된 챗봇, 세브란스 병원에서 운영 중인 챗봇 SERA(http://chatbot.yuhs.ac/)를 활용하면 동기 유발에 도움이 됩니다. 또한 직접 챗봇을 사용했던 기억을 상기시켜 다양한 사례를 끌어내는 것도 앞으로 제작할 챗봇에 대한 아이디어를 구상하는 데 도움을 줄 수 있습니다. 이번 수업 때 제작할 챗봇은 파이썬이나 프로그래밍 언어를 몰라도 제작할 수 있다는 점을 미리 안내하여 학생들의 부담을 덜어 줍니다.

3) 모둠 활동을 통해 문제를 탐색하고, 자료를 수집 및 처리하여 챗봇 제작하기

    최근 들어 AI를 챗봇에 도입하려는 시도가 많이 보입니다. 은행 앱의 Q&A 챗봇이나 쇼핑몰 상담 챗봇이 대표적인 예입니다. 그렇다면 어떤 챗봇을 만들면 좋을까요? 또 챗봇을 만들면서 학생들은 어떤 능력을 키울 수 있을까요?

먼저 실생활에서 볼 수 있는 정보통신기술 관련 문제 사례를 작성합니다. 다양한 챗봇이 제작되도록 교사가 직접 주제를 제시하는 방법도 있고, 지역이나 환경을 고려하여 필요한 챗봇을 구상하는 방법도 있습니다. 기존에 있는 챗봇을 그대로 모방하는 것보다 모둠원이 실생활에서 겪었던 정보통신기술 관련 문제점을 직접 떠올릴 수 있도록 지도합니다. 학생들이 스스로 문제를 찾도록 유도해 주세요. 시간은 좀 더 걸릴 수 있지만, 스스로 해결책을 고민하며 챗봇을 만든다면 훨씬 주도적인 활동이 가능합니다. ㅡ 활동지A

정보통신기술 관련 문제라고 해서 반드시 기술적인 문제만 다룰 필요는 없습니다. 학생들에게 다양한 예시를 제시하여 사고를 제한하지 않도록 지도합니다. 실제 학생들이 만든 챗봇으로는 축구 규칙을 설명해 주는 챗봇, 여행 계획을 세워 주는 챗봇, 간단한 요리 레시피를 알려 주는 챗봇, 음악을 추천해 주는 챗봇 등이 있었습니다. 그러므로 최대한 다양한 종류의 챗봇이 나오도록 교사가 모둠별로 큰 주제를 제시하면 좋습니다.

모둠별로 만들고자 하는 챗봇이 정해지고, 기본적인 챗봇 제작 방법을

> **챗봇 예시**
>
> 과제 도우미 챗봇, 시험 준비 챗봇, 대학 입학 상담 챗봇, 학교생활 정보 챗봇, 스트레스 관리 챗봇, 대인 관계 조언 챗봇, 건강, 진로 상담 챗봇, 안전 교육 챗봇, 노약자를 위한 의자 위치 안내 챗봇, 학교 폭력 예방 챗봇, 긴급 상황 대응 챗봇, 장애인 접근성 정보 제공 챗봇, 공공 교통 정보 제공 챗봇 등

익힌 상황이라면 이제부터는 본격적으로 데이터를 수집할 차례입니다. 여기서도 AI를 활용할 수 있습니다. 각 AI의 특징은 다음과 같습니다.

유/무료	회사	생성형 AI	특징	출처 표시 여부
무료	Open AI	챗GPT-3.5	자연스러운 답변, 2019년까지의 자료만 사용 가능	×
	Microsoft	코파일럿	질문을 하면 [창의적인], [균형 있는], [정밀한] 중 하나를 선택하여 답변받을 수 있음	○
	Google	제미나이	자세한 답변 중심	○
유료	Open AI	챗GPT-4	최신 자료 사용 가능, 자연스러운 답변	○

표에서 볼 수 있듯이 데이터를 수집할 때는 출처 표시가 되는 코파일럿과 제미나이, 챗GPT-4 사용을 권장합니다. 그러나 출처 표시가 꼭 필요하지 않은 답변이나 아이디어 창출 부분에 있어서는 챗GPT-3.5도 충분히 성능이 좋습니다.

㉠ 챗GPT-3.5
- 챗GPT 사이트(https://chat.openai.com)에 접속하여 로그인합니다.
- Google 계정이 있을 경우 연동이 가능합니다.

수업 Tip!

- 챗GPT의 경우 영어로 질문할 때 훨씬 구체적이고 많은 정보를 제공합니다. 이때 크롬 웹스토어에 있는 프롬프트 지니를 사용할 경우 더 편리하게 대화할 수 있습니다.
- 프롬프트 지니 설치하는 법
  - 크롬 웹스토어(https://chromewebstore.google.com)에 접속하여 '프롬프트 지니'를 검색합니다.

- 프롬프트 지니를 내려받고, [확장 추가] 버튼을 누릅니다.

- 아래는 프롬프트 지니가 추가된 모습입니다. ①의 아이콘을 누르면 ②처럼 자동 번역이 기본으로 활성화되는 것을 확인할 수 있습니다. 챗GPT의 경우 2021년까지의 데이터를 기반으로 하므로 이후 시점의 데이터가 필요한 경우 웹 연결을 활성화하여 최신 데이터를 얻을 수 있습니다.

ⓛ 제미나이

- 제미나이 사이트(https://gemini.google.com/)에 접속하여 로그인합니다.
- 아래의 프롬프트 입력 칸에 조사하고 싶은 내용을 입력합니다.

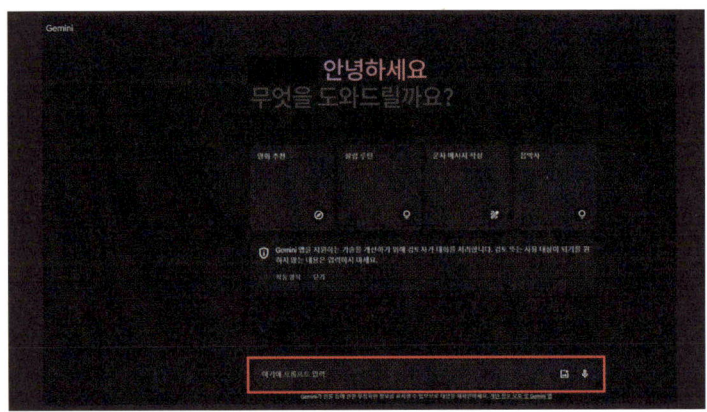

ⓒ 코파일럿

- 코파일럿 사이트(https://copilot.microsoft.com)에 접속하여 로그인합니다.
- 아래의 프롬프트 입력 칸에 조사하고 싶은 내용을 입력합니다.

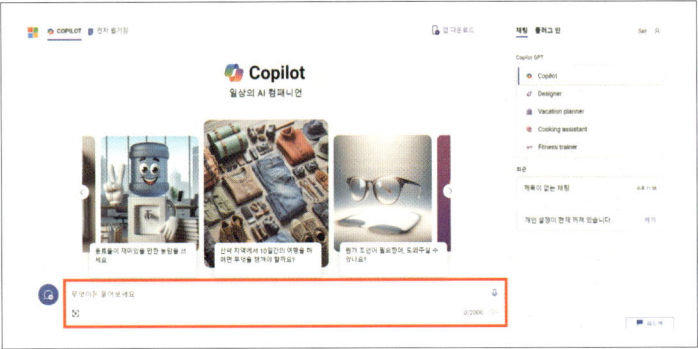

4) 선정한 정보통신기술 문제를 해결하기 위해 자료 수집하기

　모둠별로 선정한 정보통신기술 문제를 해결하기 위해 무엇이 필요한지 조사하는 과정입니다. 모둠원끼리 브레인스토밍 같은 사고기법을 통해 해결책을 찾아보고, 추가적인 아이디어를 얻기 위해 AI를 이용합니다. 이때 단순히 AI에 질문하는 데 그치지 않고, 양질의 답변을 얻기 위해 어떤 과정을 거치면 좋은지 토의합니다. 또한 AI로부터 얻은 자료가 신빙성이 있는지 교차검증 하고 수집한 자료를 정보의 형태로 가공하는 과정을 거칩니다. ─ 활동지 B

> **사용자**
> 학교폭력을 예방하기 위한 챗봇을 만들려고 해. 어떤 내용이 들어가면 좋을까?
>
> **AI**
> 학교폭력을 예방하기 위한 챗봇을 만드는 것은 매우 의미 있는 일입니다. 챗봇이 학생들에게 도움이 될 수 있는 몇 가지 내용을 고려해 보겠습니다.
>
> 1. 학교폭력에 대한 정의와 이해: 챗봇을 통해 학생들에게 학교폭력의 다양한 형태와 심각성을 설명해 주세요.
>
> 2. 학교폭력 예방을 위한 조언: 학생들이 어떻게 학교폭력을 예방하면 좋을지 조언을 제공하세요. 예를 들면, 친구를 지지하는 방법, 특이한 상황에서 교사나 학교 관리자에게 도움을 요청하는 방법 등을 안내할 수 있습니다.
>
> 3. 대화와 상담: 학생들이 학교폭력에 대해 이야기하고 자신의 감정을 표현할 수 있는 안전한 공간을 제공하세요. 이를 통해 학생들이 고민을 나누고 조언을 구할 수 있습니다.
>
> 4. 자원 안내: 학생들에게 학교폭력 관련 자원과 조직에 대한 정보를 제공하세

요. 학교 내부의 상담센터나 학교폭력 신고 전화번호 등을 안내하여 필요한 도움을 받을 수 있도록 돕습니다.

5. 학교폭력 예방 활동 안내: 학생들이 학교폭력 예방을 위해 참여할 수 있는 다양한 활동과 프로그램을 제공하세요. 학생들이 직접 참여하고 노력함으로써 학교 내 폭력 문화를 변화시키도록 도와줍니다.

이러한 내용을 통해 학생들이 학교폭력을 인식하고 예방하는 데 도움이 되도록 챗봇을 설계할 수 있습니다.

사용자
학교폭력의 다양한 형태에 대해 더 자세히 알려 줘.

AI
학교폭력은 다양한 형태로 나타날 수 있으며, 이를 이해하는 것이 매우 중요합니다. 주요 학교폭력의 형태는 다음과 같습니다.

1. 언어적 폭력: 학생들 사이에서의 모욕, 욕설, 비하, 괴롭힘 등의 언어적인 공격을 포함합니다. 이는 구두로 이루어질 수도 있고 텍스트 메시지, 소셜 미디어를 통한 온라인 형태로 나타날 수도 있습니다.

2. 신체적 폭력: 학생들 사이에서의 신체적인 공격이나 폭행을 포함합니다. 이는 주먹질, 밀치기, 물건 던지기, 방치 등의 행위로 나타날 수 있습니다.

3. 사회적·관계적 폭력: 학생들 사이 친구 관계, 그룹 내에서의 배척, 강요, 소문 퍼뜨리기 등의 사회적인 공격을 포함합니다. 이는 친구들 사이의 관계에서 발생할 수 있고, 가해자가 그룹의 권력을 이용하여 피해자를 격리시키는 등의 형태로 나타날 수 있습니다.

4. 심리적·정서적 폭력: 학생들 사이에서의 협박, 위협, 공포 조성, 감정적으로

상처를 주는 행위 등의 심리적인 공격을 포함합니다. 이는 가해자가 피해자의 자신감을 훼손하거나 정서적으로 고통을 주는 행위로 나타날 수 있습니다.

5. 사이버 폭력: 인터넷, 스마트폰, 소셜 미디어 등을 통해 이루어지는 학교폭력을 의미합니다. 사이버 괴롭힘, 온라인 모욕, 개인정보 유출 등의 형태로 나타날 수 있습니다.

이러한 다양한 형태의 학교폭력을 인식하고 이에 대해 대처하는 방법을 학생들에게 알려 주는 일이 매우 중요합니다. 공동체로서 함께 학교폭력을 예방하고 대응할 수 있는 문화를 조성하는 것이 필요합니다.

사용자
이 챗봇을 사용하는 사람은 어떤 질문을 할지 예상 질문 목록 10개를 뽑아 줘.

AI
챗봇을 사용하는 사람들이 할 것으로 예상되는 질문 목록은 다음과 같습니다.

1. "학교폭력이란 무엇인가요?"
2. "학교폭력을 당했을 때 어떻게 대처해야 하나요?"
3. "학교폭력을 목격했을 때 어떻게 신고해야 하나요?"
4. "학교폭력을 예방하는 데 어떤 조치를 취할 수 있나요?"
5. "학교폭력 가해자에게 대처하는 방법은 무엇인가요?"
6. "학교폭력 관련 법과 제도를 알려 주세요."
7. "친구가 학교폭력 당하는 것을 목격했을 때 어떻게 도와줘야 하나요?"
8. "사이버 폭력을 당했을 때 대처하는 방법은 무엇인가요?"
9. "학교폭력 관련 지원이나 단체는 어떤 것이 있나요?"
10. "학교폭력 예방을 위한 학교 내부 프로그램이나 관련 활동에 참여할 수 있는 방법이 있나요?"

코파일럿, 바드 같은 AI는 자료 출처를 표기하기 때문에 챗GPT-3.5보다 신빙성 있는 자료를 수집할 때 적절합니다.

> 🧑 **사용자**
> 대한민국에서 학교폭력을 경험한 학생들의 비율을 알고 싶어.
>
> 🤖 **AI**
> 2023년 1차 학교폭력 실태조사 결과에 따르면, 지난해 2학기부터 조사 시점까지 학교폭력 피해를 경험했다고 응답한 학생 비율은 전체의 1.9%였습니다. 이는 2022년 1차 조사 대비 0.4%p 증가한 수치이며, 2013년 이후 최고치입니다.
> **학교급별 피해 응답률은 다음과 같습니다.**
> * 초등학교: 3.9% (2022년 3.8% 대비 증가)
> * 중학교: 1.3% (2022년 1.0% 대비 증가)
> * 고등학교: 0.4% (2022년 0.3% 대비 증가)
>
> **피해 유형별 응답 비중은 다음과 같습니다.**
> * 언어폭력: 41.8% (2022년 47.5% 대비 감소)
> * 신체폭력: 14.6% (2022년 11.9% 대비 증가)
> * 집단따돌림: 13.3% (2022년 14.5% 대비 감소)
> * 사이버폭력: 9.6% (2022년 12.3% 대비 감소)
>
> **학교폭력 피해는 학생들의 정신 건강과 학습에 심각한 영향을 미칠 수 있습니다.** 따라서 학교폭력 예방을 위한 노력이 더욱 중요해지고 있습니다.
>
> **다음은 학교폭력 예방을 위한 몇 가지 방법입니다.**
> * 학교와 가정, 사회의 긴밀한 협력
> * 학생들에게 학교폭력에 대한 올바른 이해를 제공하는 교육
> * 학교폭력 피해 학생을 위한 지원 시스템 강화
> * 학교폭력 가해 학생에 대한 재교육 프로그램 강화
>
> 학교폭력은 우리 사회 모두의 문제입니다. 학교폭력 근절을 위해 모두의 관심과 노력이 필요합니다.

> **학교폭력 관련 정보를 얻을 수 있는 사이트:**
> * 교육부
> * 한국청소년정책연구원
> * 학교폭력SOS센터
>
> **학교폭력 피해를 경험한 학생들은 혼자서 고민하지 말고 주변 어른들에게 도움을 요청해야 합니다.**

코파일럿의 경우 해당 자료의 출처가 바로 링크로 연결되어 자료를 검증할 때 편리하다는 장점이 있습니다. 제미나이는 바로 링크로 연결되지 않는 경우도 있으나, 답변이 훨씬 자세하고 질문과 관련된 정보들을 상세하게 제공합니다. 이러한 AI 간의 특징을 고려하면 더 다양한 데이터를 수집할 수 있습니다.

5) 챗봇 제작하고 테스트하기

이제 본격적으로 학생들이 챗봇을 제작하는 단계입니다. 파이썬 같은 프로그래밍을 통해 챗봇이 제작되기도 하나, 소개하는 활동에서는 프로그래밍에 대한 기초가 없는 상태에서도 챗봇을 제작할 수 있습니다. 이 장에서는 POE와 뤼튼 스튜디오를 이용해 챗봇을 제작하였습니다. 학생들에게 두 사이트를 소개한 뒤, 모둠이 만들 챗봇과 더 적합한 사이트를 선택할 수 있도록 지도합니다. ─ 활동지C

- 생성형 AI 사용을 위해 노트북, 태블릿PC 등 개별 전자기기가 필요합니다.
- 원활한 모둠활동을 위해 모둠원 구성은 3명에서 4명을 권장합니다.

㉠ POE

POE 사이트(https://poe.com/)에 접속합니다. Google 계정으로 로그인이 가능합니다.

• POE의 기본 기능 살펴보기

❶ 이곳에서 AI와 대화할 수 있습니다.

❷ 다양한 AI를 선택할 수 있습니다. 아래는 무료로 사용할 수 있는 AI입니다.

· Assistant: 프로그래밍 관련 작업 및 비영어 언어에 강점을 가진 범용 보조 챗봇입니다. 챗GPT-3.5 turbo로 구동됩니다.

· StableDiffusionXL: 프롬프트를 기반으로 고화질 이미지를 생성합니다.

· Claude-instant: Anthropic의 가장 빠른 모델로, 창의적인 작업에 강합니다. 글쓰기 능력이 뛰어나므로 대화 맥락을 더 잘 파악합니다.

❸ 챗봇을 제작할 수 있습니다.

- **POE를 이용하여 챗봇 만들기(❶~❸은 기본 설정)**

    ❶ 챗봇의 이름을 설정할 수 있습니다. 이때 영어로 작성해야 하며 기존에 사용 중인 이름은 사용할 수 없습니다.

    ❷ 챗봇을 제작할 때 [프롬프트 사용]과 [서버 사용] 중 선택할 수 있습니다. 이번 장에서는 [프롬프트 사용]으로 진행합니다. [서버 사용]의 경우 파이썬으로 봇 서버를 구축한 다음 POE 서버와 통합하는 것으로 훨씬 개별화된 챗봇을 만들 수 있으나 수업 시간 때 활용하기엔 무리가 있습니다.

    ❸ 기본으로 구동되는 생성형 AI를 선택합니다. 챗GPT 외에도 StableDiffusionXL, Claude-instant 등 다양한 AI를 선택할 수 있습니다.

    ❹ 챗봇의 제작 목적에 맞게 프롬프트를 적으면 됩니다. 이곳에는 챗봇의 역할과 성격도 부여할 수 있습니다(예: 당신은 발명 전문가입니다. 사용자의 발명품을 보고 개선점을 말해 주세요. 논리적으로 설명합니다).

    ❺ 다른 챗봇과 차별점을 둘 수 있는 부분입니다. 특허와 관련된 내용을 추가하여 사용자 맞춤형으로 전문적인 챗봇을 제작할 수 있습니다.

    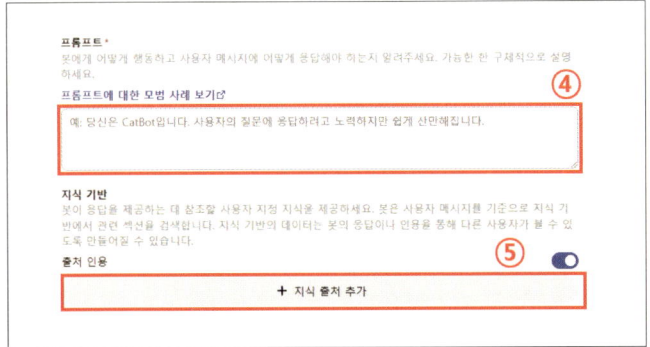

    ❻ 챗봇에 미리 입력할 파일을 업로드합니다. 이때 파일의 크기는 50MB보다 작아야 하며, hwp 파일은 지원하지 않습니다.

❼ 파일 대신 텍스트로도 입력할 수 있습니다.

❽ 챗봇이 사용자에게 가장 먼저 보낼 메시지를 설정할 수 있습니다(예: 발명품과 관련해 어떤 피드백을 받고 싶은가요?).

❾ 고급 설정에서는 챗봇을 정교하게 다듬을 수 있습니다.

· 답변 제안: AI의 답변을 듣고 추가 질문을 제안합니다.

· 마크다운: HTML이나 다른 형식으로 변환할 수 있는 일반 텍스트 형식 지정 구문을 사용하는 경량 마크업 언어로, 간단히 말하면 읽고 쓰기 쉽도록 도와주는 기능입니다.

· 사용자 정의 온도: 챗봇의 응답 창의성을 제어하는 기능입니다. 다양한 아이디

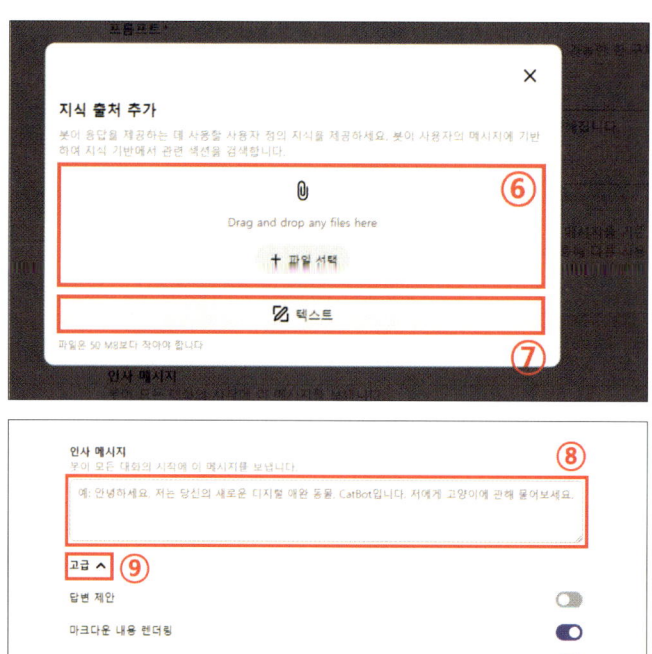

어를 창출해야 하는 챗봇일 경우 높은 값으로, 일관된 응답을 요구하는 챗봇일 경우 낮은 값으로 설정합니다.

❿ 챗봇을 간단히 소개하는 부분입니다(예: 사용자의 발명품과 관련하여 피드백을 제공하는 챗봇입니다).

⓫ 챗봇의 공개 여부를 결정할 수 있습니다. OFF로 설정할 경우 제작자만 사용할 수 있습니다.

⓬ 최종 봇 생성을 누르면 챗봇이 생성됩니다.

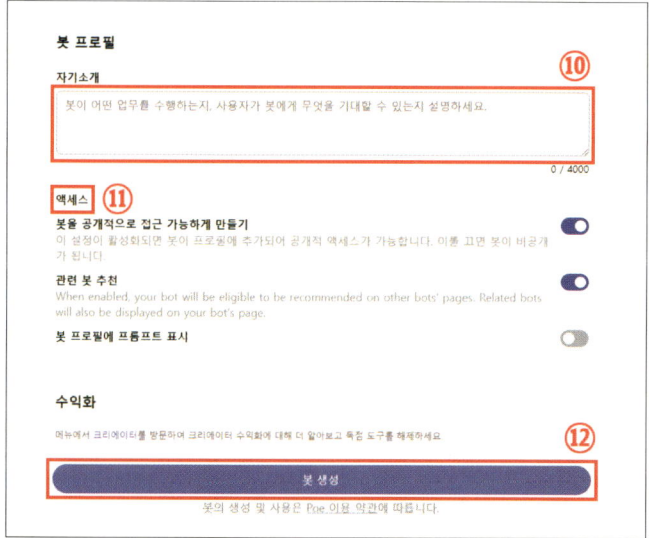

ⓒ 뤼튼 스튜디오

• 뤼튼 스튜디오의 기본 기능 살펴보기

❶ 뤼튼 스튜디오 사이트(https://studio.wrtn.ai/)에 접속합니다.

❷ 개인 이메일로 가입할 수 있으며, SNS 계정으로도 로그인할 수 있습니다.

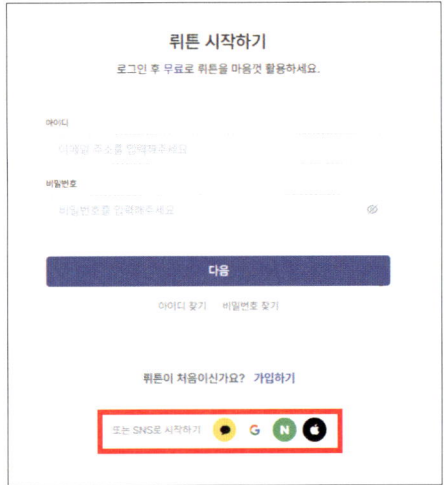

❸ [+새 툴/챗봇 만들기] 클릭합니다.

❹ [툴 만들기]와 [챗봇 만들기] 중 선택할 수 있습니다. 이번 장의 목표는 챗봇을 제작하는 것이므로 챗봇 만들기를 선택합니다.

• 뤼튼 스튜디오를 이용하여 챗봇 만들기

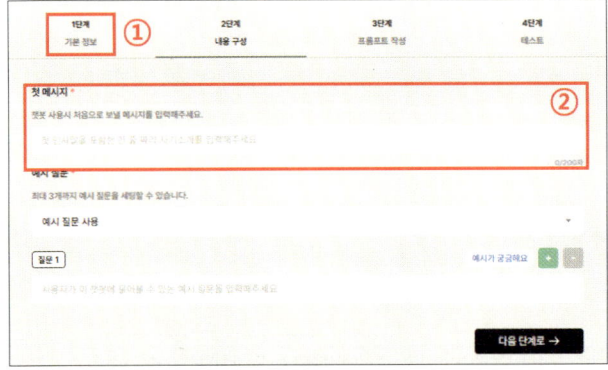

❶ [기본 정보]에 챗봇의 이름과 챗봇에 대한 간단한 소개를 적습니다. 카테고리, 공개 여부, 가격을 정합니다.

❷ 챗봇 사용 시 처음으로 사용자에게 보낼 메시지를 입력합니다(예: 안녕하세요! 무엇을 요청하고 싶으신가요?, 안녕? 나는 너를 도와주는 챗봇이야).

❸ 프롬프트 구성 난이도를 '쉬움'과 '비교적 어려움'으로 나누어 설정할 수 있습니다. '쉬움'의 경우 템플릿 형태로 프롬프트를 작성하며, 자유도가 낮습니다. '비교적 어려움'의 경우 템플릿이 제공되지 않으며, 프롬프트 작성 자유도가 높습니다.

❹ 프롬프트를 구성합니다. AI에 명령할 내용에 AI의 역할을 적어 줍니다. 또한 AI의 성격이나 말투 등 세부적인 내용을 설정할 수 있습니다.

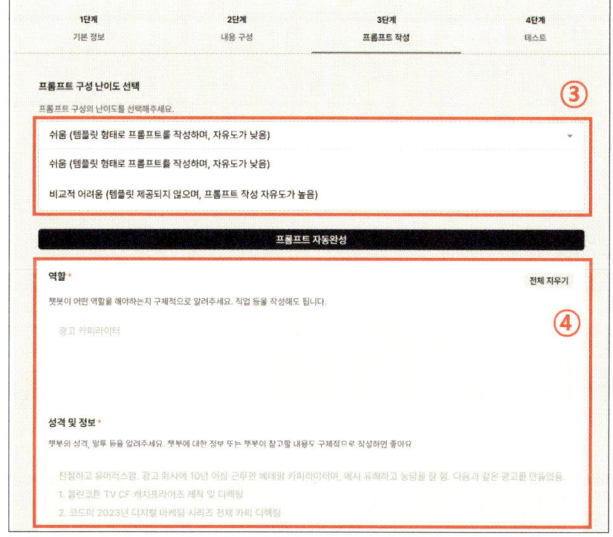

❺ 학생들이 챗GPT로 수집한 자료들을 정리하여 붙여 넣습니다. 이 과정을 통해 바로 챗GPT와 연동되어 나오는 답으로부터 차별성을 얻을 수 있습니다.

❻ [테스트]를 통해 직접 챗봇과 대화를 할 수 있습니다.

❼ [등록하기]를 통해 뤼튼 스튜디오 내에 챗봇을 등재할 수 있습니다. 심사를 거쳐 통과되면 사이트에 정식으로 등재됩니다.

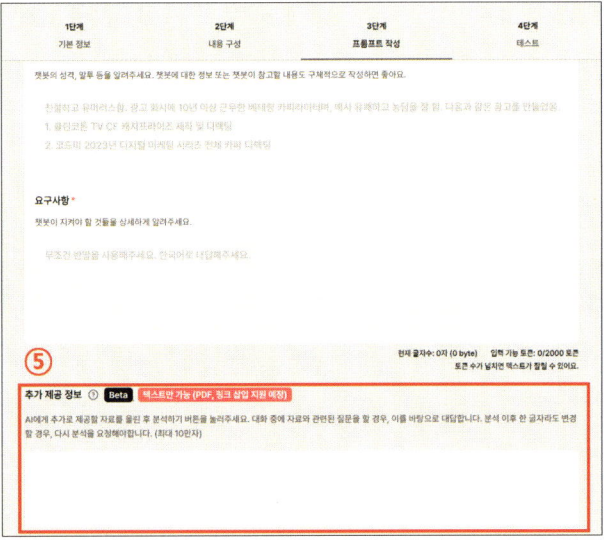

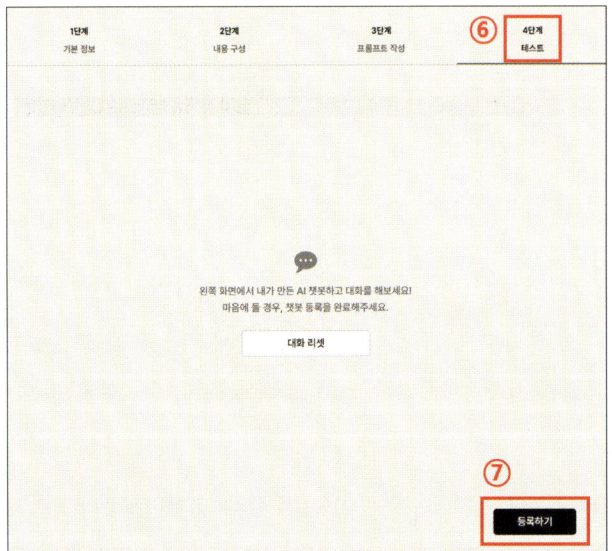

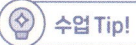 **수업 Tip!**

- 모둠별로 1명만 계정을 사용하도록 제한합니다. 여러 계정을 사용할 경우 전 시간에 만들던 챗봇을 이어서 만들 수 없습니다. 제작 활동의 일관성과 원활한 모둠활동 진행을 위해서 하나의 계정을 계속 사용하면 좋습니다. 시간 관계상 챗봇 제작을 마치지 못하더라도 다음 수업에 이어서 진행합니다.

6) 제작한 챗봇 공유 및 실사용해 보기

모든 데이터 수집이 끝났다면 챗봇 제작 사이트를 통해 챗봇을 제작합니다. 다 완성된 챗봇은 사용 전에 잘 작동되는지 오류를 검사하는 과정이 필요합니다. 이 과정이 끝나면 다른 모둠원과 서로 공유하여 피드백을 주고받습니다. —활동지D

① 뤼튼 스튜디오 및 POE를 활용하여 직접 챗봇을 제작한 후, 테스트 진행하기

뤼튼 스튜디오 및 POE를 활용하여 챗봇을 제작할 때 예시 질문을 적극 활용하여 챗봇을 사용하는 사용자가 어려움을 겪지 않도록 지도합니다. 사용자 입장에서 어떤 기능이 있으면 좋을지, 또 이 챗봇을 사용하는 주 사용자는 누구일지 모둠원과 토의합니다. 그에 따라 예시 질문도 적절히 설정합니다. 챗봇을 만드는 과정에서 겪는 어려움이나 오류 등은 활동지에 기록하여 이후 되먹임 작업을 통해 개선할 수 있도록 합니다. 챗봇을 제작한 후에는 다른 모둠원에게 소개하는 안내문을 제작합니다. 안내문에 필수로 들어가야 하는 요소로는, ① 정보통신기술과 관련한 실생활 문제, ② 이 챗봇을 주로 사용하게 되는 사용자들의 특징(연령대, 성별, 특정 집단 등), ③ 챗봇을 소개하는 문구가 있습니다. 이때 단순히 챗봇을 소개하는 데서 그치지 않고 홍보하는 단계까지 이를 수 있도록 지도합니다. 실제로 학생들이 제작한 챗봇의 경우 질문자의 의도와 달리 엉뚱한 답변을 내놓는 경우가 종종 있습니다. 이런 경우를 대비하고자 사전에 테스트하는 과정을 꼭 거치도록 합니다.

② 제작한 챗봇을 공유하고 소개하기

제작한 챗봇을 반 친구들과 공유하고 사용 후기를 작성합니다. 이로써 더 객관적인 피드백이 오갈 수 있도록 합니다. 사용 후기를 작성할 때는 단순히 '좋았다', '나빴다'와 같은 말로 끝나지 않고 구체적으로 어떤 부분이 좋았는지, 어느 부분이 개선되면 좋을지, 어떤 질문이나 기능이 더 추가되면 좋을지 등 구체적인 피드백을 작성하도록 지도합니다.

수업 Tip!

- 한 학생이 모두 도맡아 하지 않도록 합니다. 모둠원 모두에게 서로 다른 역할을 부여하고 자료 조사는 다같이 합니다.
- 챗GPT를 더 효율적으로 사용하려면 다음과 같이 해 보세요.
 - 형식: 문장 구조와 사용하는 단어의 선택은 중요합니다. 내가 원하는 형태의 답이 나올 수 있도록 형식을 제시해 주세요(예: 표 형식으로 나타내 줘. / 엑셀 형식으로 나타내 줘. / 문답식으로 정리해 줘).
 - 명확성: 문장은 명확하고 모호하지 않아야 합니다. '~해 줘.'와 같이 구체적으로 원하는 내용을 요구하는 것이 좋습니다(예: 10대 청소년들의 고민을 10가지로 요약해 줘. / 생애주기별 꼭 수행해야 하는 과업들을 시간순으로

나열해 줘).
- 문맥 정보: 문맥 정보를 제공하는 것이 중요할 수 있습니다. 이는 작업의 배경 정보를 제공하거나 대화의 문맥을 설정하거나 원하는 종류의 응답을 명시하는 데 도움이 됩니다(예: 나는 10대 청소년이야. 키가 커지고 싶은데 이때 도움이 되는 스트레칭 종류 알려 줘).
- 예제: 작업이나 문맥을 이해하는 데 도움이 될 수 있도록 지침에 예제를 제공할 수 있습니다. 특정한 동작을 모방하거나 특정 유형의 내용을 생성하도록 유도할 때 좋습니다(예: "문장 형식은 '~임', 혹은 '~음.'으로 끝나게 해 줘. 예를 들면 '밥을 먹었음.', '내용은 상대적임.'과 같이 말이야.").
- 반복과 테스트: 원하는 답변을 얻기 위하여 반복하여 질문하는 과정이 필요합니다. 여러 질문으로 시험하고 응답을 관찰하여 지침을 계속해서 개선합니다.

7) 챗봇 제작 후기 나누기

친구들이 적어 준 사용 후기 및 피드백 종이를 보고 모둠원끼리 다시 토의합니다. 어떤 부분을 개선하면 좋을지, 만약 다른 앱과 연동할 수 있다면 어떻게 확장하면 좋을지, 다양한 방향으로 사고할 수 있도록 지도합니다. 그다음, 개별 활동 소감지를 작성하여 학생들이 학습 목표를 달성했는지 활동의 모든 과정을 성찰하도록 합니다. 또한 소감지 아래에 있는 자기 평가를 통해 수업 목표였던 문제 탐색 능력, 자료 수집 및 처리 능력, 비판적 사고 능력이 키워졌는지 스스로 평가하도록 합니다. ─ 활동지E

 **수업 Tip!**

- 각 활동지는 수업 흐름에 따라 다음 다섯 단계로 구성됩니다. [문제인식 - 아이디어 창출 - 아이디어 구체화 - 실행 - 평가]. 여기서 활동지A가 '문제인식' 단계, 활동지B가 '아이디어 창출 및 구체화 단계', 활동지C가 '실행' 단계, 활동지D와 활동지E가 '평가' 단계를 목표로 구성되었습니다. 활동지D의 경우 피드백이 실시간으로 이루어질수록 유의미하다는 점에서 패들렛 등 온라인 플랫폼을 추천합니다.

▶ 평가는 이렇게

본 수업을 바탕으로 문제 탐색 능력, 자료 수집 및 처리 능력, 비판적 사고 능력의 성장 정도를 평가할 수 있습니다. 문제 탐색 능력의 경우에는 선정한 실생활 문제가 정보통신기술과 관련된 문제인지, 챗봇의 형태로 해결책을 제시하는 데 적합한 문제인지 등을 평가할 수 있습니다. 자료 수집 및 처리 능력을 평가할 때는 챗GPT를 적절하게 이용하여 자료를 수집하였는지, 수집하는 과정에서 사용한 프롬프트가 적절했는지 등을 평가하고, 챗봇의 형태로 자료를 처리하였는지 평가할 수 있습니다. 마지막으로 비판적 사고 능력은 학생이 수집한 자료가 신뢰할 만한 정보인지, 교차검증을 거쳤는지, 챗봇을 사용하면서 생긴 오류를 되먹임 과정으로 개선할 수 있는지, 자료와 정보의 차이를 이해하고 있는지 등을 평가할 수 있습니다.

평가 유형		실습, 관찰
평가 기준	잘함	정보통신기술과 관련한 실생활 문제를 찾았으며 이 문제를 해결하기 위해 AI를 적절하게 사용하여 자료를 수집할 수 있다. 수집된 자료를 챗봇의 형태로 적절하게 처리하였으며 자료를 수집·정리하는 과정에서 비판적 사고를 거쳐 신뢰할 만한 자료인지 확인할 수 있다.
	보통	다양한 실생활 문제를 찾았으며 AI가 아닌 다른 매체를 통해 자료를 수집할 수 있다. 수집된 자료를 챗봇의 형태로 제작하면서 신뢰할 수 있는 자료를 선정하였으나 이후 챗봇을 사용하면서 생긴 오류를 혼자 힘으로 수정하는 데 어려움이 있다.
	노력 요함	실생활 문제를 찾지 못하였으며 매체를 통해 자료를 수집하는 데 어려움이 있다. 수집된 자료를 챗봇의 형태에 맞게 처리하는 데 어려움이 있다.

▶ **수업 후 학생 반응**

수업 후 학생들은 직접 챗봇을 제작했다는 사실에 만족감을 느꼈습니다. 또한 챗봇을 제작하면서 예시 질문을 설정하고, 직접 자료를 찾아보는 과정에서 어떤 질문을 해야 원하는 답을 얻을 수 있는지 고민하며, AI에만 의존하지 않는 모습도 보였습니다. 또한 AI 자체에도 흥미를 보이고 다양한 질문을 던지면서 기술이 많이 발전되었다고 느끼는 경우도 있었습니다.

활동지A
실생활과 관련된 정보통신기술 문제 사례 작성하기

학번 :   이름 :

학생과 경찰, 학교폭력 상담 챗봇 개발

코로나19 팬데믹으로 비대면 수업이 늘면서 학교폭력 직접 상담 이용이 크게 줄었고, 이에 대응해 경찰관과 고등학생의 놀라운 협업으로 24시간 학교폭력 상담 챗봇이 탄생했습니다.

○○경찰서 ○○○ 경위는 "대면상담이 어려운 상황에서 친구들과 정책 이용자들이 쉽게 접근할 수 있는 경로를 만들고자 했다."며 "많은 사람이 폭력을 경험한 뒤 상담을 주저하고 코로나19로 대면상담이 크게 위축됐다는 인식에서 비롯됐다."고 설명했습니다.

학생들은 챗봇이 또래 학생들이 접근할 수 있도록 하는 데 결정적인 역할을 했습니다. 그들은 이미지를 선택하고 정보를 쉽게 이해시키기 위해 복잡한 법적 절차를 간단한 용어로 바꾸어 설명했습니다. 챗봇은 도움이 필요하거나 안내를 원하는 사람들에게 사용자 친화적인 자료로서, 사용자들은 심층 상담을 접할 수 있고, 추가적인 도움이 필요한 경우에는 경찰이나 전문 상담 기관에 문의할 수 있습니다. 챗봇 제작자들은 학교 폭력의 심각성에 대한 인식을 높이고 개인이 적절한 행동을 할 수 있도록 안내하기를 희망합니다. 한 고등학생은 "학교 폭력의 심각성에 대해 사람들이 알고, 어떤 행동을 해서는 안 되는지 이해했으면 좋겠습니다."라고 말했습니다.

○○뉴스 ○○○기자

1. 위의 자료를 읽고 다음에 질문에 답해 봅시다.
   ① 챗봇을 제작한 계기가 무엇인가요?
   ② 위 자료의 챗봇은 누구를 대상으로 만들었나요?
   ③ 위의 챗봇을 통해 얻는 기대 효과는 무엇이 있을까요?

2. 챗봇 만들기 활동

① 최근 실생활에서 정보통신기술과 관련된 문제를 겪은 적이 있나요? 그때 든 생각을 구체적으로 작성해 봅시다.

예) 주말에 친구와 함께 도서관에 가려고 했는데, 도서관의 위치와 운영 시간을 알 수 없어서 못 갔다. 도서관 정보를 찾는 게 어렵다고 느꼈다.

② 그 문제를 해결하는 데 어떤 종류의 챗봇이 있으면 좋을지 적어 봅시다.

예) 도서관 안내 챗봇

③ 챗봇을 사용하게 되는 사람은 누구인가요? 어떤 정보를 알려 주면 좋을지 적어 봅시다.

예) 도서관에 대해 궁금한 사람, 도서관 위치와 운영 시간, 도서관 층별 안내 등

활동지 B
챗GPT를 이용해 문제를 해결하기 위한 방안 조사하기

학번 :　　　　　　　　이름 :

챗봇에 들어갈 정보들로 무엇이 있을지 모둠원들과 브레인스토밍을 통해 적어 봅시다.

〈브레인스토밍〉

브레인스토밍은 아이디어 생성 및 문제 해결을 위한 창의적인 그룹 활동 기술입니다. 이 과정에서 그룹 구성원은 자유로운 사고를 통해 다양한 아이디어를 생각하고, 이 아이디어들을 모으고 정리합니다.

▶ **브레인스토밍의 4원칙**

① 비판금지(No Criticism): 브레인스토밍의 초기 단계에서 비판을 금지합니다. 참여자들은 아이디어를 자유롭게 제시할 수 있어야 하며, 아이디어에 대한 비판은 나중에 다룹니다.
② 자유분방(Welcome Wild Ideas): 모든 종류의 아이디어, 비상식적이거나 황당하거나 엉뚱하다고 여겨지는 아이디어도 환영합니다. 때로는 이러한 아이디어에서 실용적이고 창의적인 해답을 찾을 수 있습니다.
③ 질보단 양(Quantity Over Quality): 가능한 한 많은 아이디어를 생각하고 수집하는 것이 목표입니다. 아이디어의 양이 많을수록 다양한 선택지가 생기며, 그 중에서 좋은 아이디어를 발굴할 수 있습니다.
④ 결합 및 개선(Combine and Improve Ideas): 아이디어를 조합하고 개선하여 더 나은 아이디어로 발전시킵니다. 다양한 아이디어를 결합하거나 수정하여 하나의 효과적인 해결책으로 만듭니다.

1. 챗봇에 들어갈 정보들이 무엇이 있을지 자유롭게 적어 봅시다.

   _____
   _____
   _____
   _____

2. 우리 모둠이 제작할 챗봇에 꼭 들어갈 정보들을 선별해 적어 봅시다.

① _____

② _____

③ _____

④ _____

⑤ _____

활동지C

챗봇을 소개하는 안내문 제작하기

학번: 이름:

우리 모둠이 만든 챗봇을 소개하는 안내문을 제작해 봅시다.

〈챗봇 이름: 〉

1. 챗봇을 만들게 된 이유
   _____
   _____

2. 챗봇 사용자
   ① _____
   ② _____
   ③ _____

3. 챗봇을 소개하는 안내 문구
   · 챗봇 소개
   _____
   _____

   · 챗봇 기능
   ① _____
   ② _____
   ③ _____

· 사용법
① _____
② _____

· 챗봇 홍보 문구
_____
_____

활동지C 예시
챗봇을 소개하는 안내문 제작하기
학번:　　　　　이름:

〈학교폭력 멈춰! 학교 폭력 도움 챗봇〉

1. 학교폭력은 학교생활에 엄청난 부정적 영향을 미치고 있습니다. 이 문제를 해결하고 예방하는 데 챗봇이 효과적일 것 같아 제작하게 되었습니다.

2. 챗봇 사용자
   ① 학생: 학생들은 학교폭력 문제에 직접 관련이 있을 수 있으며, 이 챗봇을 통해 도움과 조언을 얻을 수 있습니다.
   ② 부모 및 보호자: 부모나 보호자들은 자녀의 학교생활을 걱정하며, 학교폭력에 대한 정보와 지원이 필요할 수 있습니다.
   ③ 교사 및 학교 관계자: 교사나 학교 관계자들은 학교폭력 예방 및 대응을 위한 지원을 찾을 수 있습니다.

3. 챗봇을 소개하는 안내 문구
   · 챗봇 소개
   학교폭력 챗봇은 학교폭력과 관련된 다양한 정보와 지원을 제공하는 챗봇입니다.

   · 챗봇 기능
   ① 학교폭력 예방과 대응 안내: 학교폭력 문제에 대한 조언과 대응 방법을 제공합니다.
   ② 익명 신고 기능: 학교폭력 사건을 익명으로 신고하고 지원을 받을 수 있습니다.
   ③ 자주 묻는 질문 (FAQ): 학교폭력 관련 자주 묻는 질문과 답변을 제공하여 정보에 빠르게 접근할 수 있습니다.

· 사용법
① 학교폭력 챗봇은 메신저 앱을 통해 언제든지 이용할 수 있습니다.
② 챗봇과 대화를 나누며 궁금한 질문을 하고 정보를 얻을 수 있습니다. 필요한 경우 학교폭력 사건을 익명으로 신고할 수도 있습니다.

학교폭력 챗봇을 통해 학교폭력 문제에 대한 정보를 얻고, 또 언제든지 도움을 청해 보세요!

활동지 D
친구들이 제작한 챗봇 사용 후기 및 피드백 작성하기

학번:　　　　　　　이름:

제작한 챗봇을 반 친구들과 공유하고 사용 후기를 작성하는 시간입니다. 각 모둠을 평가할 때는 단순히 '좋았다, 나빴다'로 끝내지 않고 구체적으로 적습니다. 이때, 개선되어야 할 부분과 추가되면 좋을 기능이나 정보, 혹은 연동하면 좋을 앱 등 자유롭게 생각을 더해 봅시다.

모둠명:
챗봇 이름: 〈　　　　　　　〉
- 챗봇 사용 후기
  ☆☆☆☆☆
- 이렇게 별점을 준 이유
- 개선해야 할 점
- 추가되면 좋을 기능이나 정보

모둠명:
챗봇 이름: 〈　　　　　　　〉
- 챗봇 사용 후기
  ☆☆☆☆☆
- 이렇게 별점을 준 이유
- 개선해야 할 점
- 추가되면 좋을 기능이나 정보

모둠명:
챗봇 이름: 〈　　　　　　　〉
- 챗봇 사용 후기
  ☆☆☆☆☆
- 이렇게 별점을 준 이유
- 개선해야 할 점
- 추가되면 좋을 기능이나 정보

모둠명:
챗봇 이름: 〈　　　　　　　〉
- 챗봇 사용 후기
  ☆☆☆☆☆
- 이렇게 별점을 준 이유
- 개선해야 할 점
- 추가되면 좋을 기능이나 정보

활동지E(모둠)
⟨문제 해결 챗봇 만들기⟩ 활동 소감지
학번:　　　　　　　이름:

피시본(fishbone) 다이어그램
특정 문제나 결과의 가능한 원인을 식별, 탐색 및 구성하는 데 도움이 되는 확산적 사고기법 중 하나로 생김새가 물고기의 뼈를 닮았다고 하여 '피시본(fishbone)'이라고 부른다.

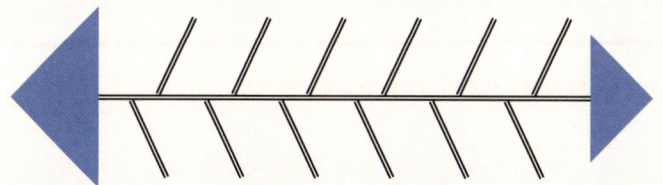

1. 어떤 피드백이 있었나요? 피드백을 적고 그것을 해결할 방안도 같이 생각해 적어 봅시다.
_____
_____

2. 우리 모둠이 만든 챗봇에 어떤 기능을 추가할 수 있을까요?
_____
_____

3. 챗봇과 연동할 만한 앱이나 사이트가 있다면 적어 봅시다.
_____
_____

활동지E(개별)
〈문제 해결 챗봇 만들기〉 활동 소감지

학번 :   이름 :

1. 아래의 학습 목표를 달성했는지 스스로 평가해 봅시다.

   학습목표 : 실생활에서 정보통신기술과 관련된 문제를 찾아 이를 챗봇의 형태로 해결책을 제시할 수 있다.

2. 아래에 제시된 핵심 역량들이 향상되었는지 평가해 보고 그 이유를 적어 봅시다.

① 문제 탐색 능력:

실생활에서 마주하는 다양한 문제 상황을 찾을 수 있는가?

_____

_____

② 자료 수집 및 처리 능력:

문제를 해결하기 위하여 적절한 자료를 수집하고 챗봇의 형태로 가공할 수 있는가?

_____

_____

③ 비판적 사고 능력:

챗봇을 사용하면서 생기는 오류를 되먹임 과정을 통해 수정할 수 있는가?

_____

_____

④ 그 밖에 활동을 통해 향상된 능력들이 있다면 무엇이 있을지 적어 봅시다.

_____

_____

3. 자기 평가 및 소감문 작성

평가 유형		실습, 관찰
평가 기준	잘함	정보통신기술과 관련한 실생활 문제를 찾았으며 이 문제를 해결하기 위해 AI를 적절하게 사용하여 자료를 수집할 수 있다. 수집된 자료를 챗봇의 형태로 적절하게 처리하였으며 자료를 수집·정리하는 과정에서 비판적 사고를 거쳐 신뢰할 만한 자료인지 확인할 수 있다.
	보통	다양한 실생활 문제를 찾았으며 AI가 아닌 다른 매체를 통해 자료를 수집할 수 있다. 수집된 자료를 챗봇의 형태로 제작하면서 신뢰할 수 있는 자료를 선정하였으나 이후 챗봇을 사용하면서 생긴 오류를 혼자 힘으로 수정하는 데 어려움이 있다.
	노력 요함	실생활 문제를 찾지 못하였으며 매체를 통해 자료를 수집하는 데 어려움이 있다. 수집된 자료를 챗봇의 형태에 맞게 처리하는 데 어려움이 있다.

위 평가 기준을 읽고 자신은 어디에 해당하는지 적어 봅시다. 그리고 이번 활동을 하면서 느꼈던 소감을 작성해 봅시다.

_____

_____

_____

부록

부록 I
수식 입력은 어떻게 해야 할까?

_최태준

데이터 입력 방법

어떤 자료를 통계적으로 분석하고자 할 때 해당 자료를 입력하는 방법을 소개합니다. 주의할 점은 어떤 방식이든 데이터가 많으면 오류가 나기 쉽다는 점입니다. 정확히 몇 개까지 한 번에 입력할 수 있는지는 서비스 업체마다 다르니 확인이 필요합니다.

1) 스프레드시트 활용

입력해야 할 데이터 정보가 스프레드시트(엑셀, 한셀, 구글 스프레드시트 등)에 저장되었을 때 챗GPT에 입력하는 방법입니다.

㉠ 복사해서 붙여 넣기

가장 간단한 방법으로 입력할 셀을 드래그해서 복사한 다음 챗GPT의 입력창에 붙여 넣기만 하면 쉽게 입력할 수 있습니다.

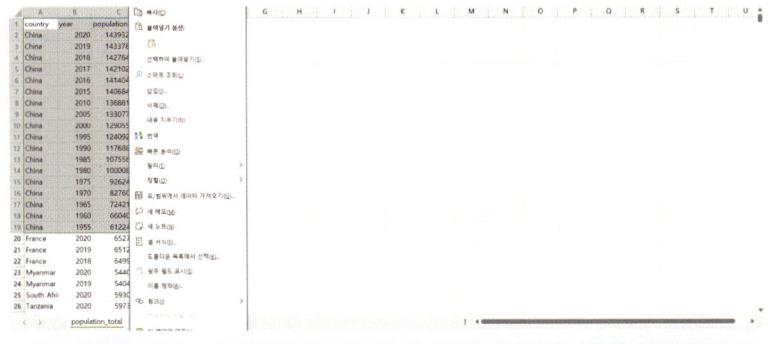

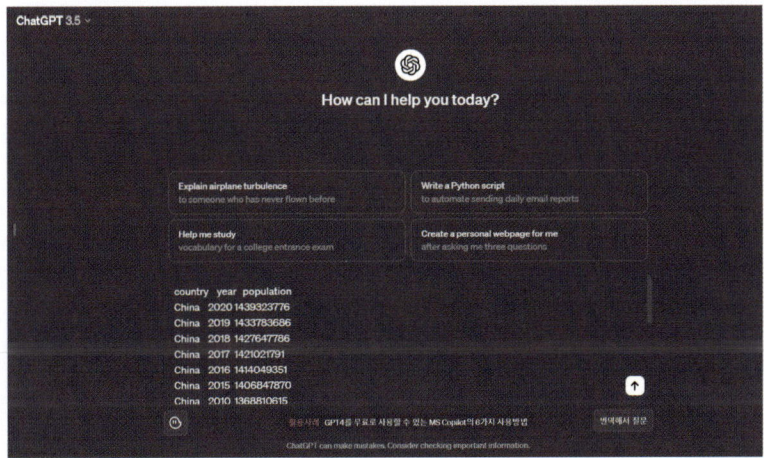

입력할 셀을 파일에서 챗GPT 입력창에 붙여 넣었다.

ⓒ 파일 업로드(유료 버전)

xls나 csv 형식 파일을 직접 업로드할 수 있습니다. 데이터가 완성되면 윈도우 탐색기에서 파일 옮기듯이 드래그해서 내려놓기만 하면 됩니다. 또는 입력창의 왼쪽 클립 모양 버튼을 눌러서 파일을 선택해도 됩니다.

2) 직접 프롬프트 입력

인쇄된 자료나 종이에 적힌 표를 챗GPT에 입력하고 싶을 때 간단하게 입력하는 방법입니다. 직접 챗GPT가 인식할 수 있는 방식으로 입력하기에 인식 오류가 매우 적은 방법입니다.

㉠ 텍스트로 표현

가장 간단한 방법으로 표를 텍스트로 표현하는 것입니다. 각 열을 쉼표나 탭으로 구분하고, 줄 바꿈으로 행을 구분할 수 있습니다. 예를 들어 아래와 같이 표현할 수 있습니다.

> **이름, 나이, 직업**
> 홍길동, 30, 개발자
> 이순신, 45, 매니저

㉡ 이미지로 변환(유료)

인쇄된 자료의 표가 지나치게 복잡하거나 그래프 등을 포함하고 있다면 스캔해서 이미지로 변환한 뒤 질문하는 방법도 있습니다. 하지만 OCR을 이용해 챗GPT가 인식하더라도, 이미지를 직접 해석하지는 못하므로, 표의 내용을 텍스트로 자세히 설명해 주어야 합니다. PDF 파일 속의 표라면 파일을 직접 업로드하여 입력하는 방법도 있습니다. 하지만 이 방법 역시 오류 가능성이 있으므로 표의 내용을 텍스트로 자세히 설명해 주면 좋습니다.

수식 입력 방법

1) 자연어로 설명

챗GPT는 자연어 처리 기반의 AI이므로, 수식을 자연어로 설명할 수 있습니다. 예를 들어 "x의 제곱 더하기 y의 제곱이 1인 원"을 수식으로 바꾸지 않고도 그대로 사용할 수 있습니다. 한글 수식 편집기를 자주 사용하지 않는 교과 선생님들께서는 자연어 입력을 적극적으로 활용해 주세요. 입력 후 오류가 생길 때, 해당 부분만 수정하면 별도의 명령어를 공부하지 않고도 활용할 수 있습니다. 다만 분수의 경우 우리나라와 쓰는 순서가 다르기에 반드시 분자 먼저 입력해야 한다는 점만 잊지 말아 주세요. 유료 버전 챗GPT처럼 분모를 먼저 입력하는 경우도 있으니 확인이 필요합니다.

2) 웹 LaTeX 입력기 활용

챗GPT와 대화하면서 예쁘게 표시된 수식을 보고 싶은 분들께 추천하는 방법입니다. LaTeX 명령어를 아는 경우 "\"를 앞에 붙여서 직접 입력하는 방법도 있지만, 간단하게 입력하는 방법으로 웹 입력기를 추천합니다. 포털 검색어에 "LaTeX web editor"●를 검색하시면 정말 많은 종류의 입력기를 보실 수 있습니다. 기하 작도 프로그램에서 수식을 넣으려면 LaTeX 명령어를 넣어야 깔끔하게 넣을 수 있는데, 특히 그때 이용하기 좋습니다. 상단에 수식이 한눈에 보이고, 바로 명령어가 출력되는 구조로 디자인된 사이트를 추천합니다.

● https://latex.codecogs.com/eqneditor/editor.php

3) 한글 수식 입력기 활용

한글 소프트웨어가 익숙한 분들께서 쉽게 이용하는 방법입니다. 한글 수식 입력창 하단에 표시되는 영어는 TeX 형식의 수식이며, 챗GPT는 이를 인식할 수 있습니다. 따라서 한글 수식 입력 도구에서 수식을 완성한 후, 하단에 나타나는 명령어를 복사해 챗GPT의 프롬프트 입력창에 붙여 넣으면 됩니다.

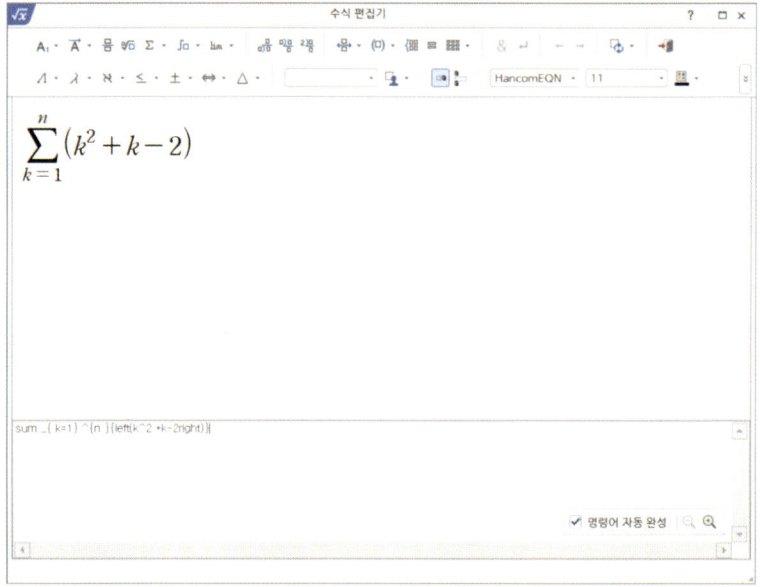

한글 수식 입력기(편집기)로 명령어를 알아낼 수 있다.

- 나누기: / 또는 over (예: 3/2는 $\frac{3}{2}$, 3over2는 $\frac{3}{2}$)

• 지수와 로그
  - 지수: ^ (예: e^x는 e^x을 나타냄)
  - 로그: log (예: log_{2}{x}는 $\log_2 x$를 나타냄)

• 루트
  - sqrt 또는 root (예: sqrt{x}는 $\sqrt{x}$, root {n} of {x}는 $\sqrt[n]{x}$)

• 적분과 미분
  - 적분: int (예: int_{0}^{1} {x} {dx}는 $\int_0^1 x\,dx$, int {x}{dx}는 $\int x\,dx$)
  - 미분: ' 또는 d/dx (예: f'(x)는 $f'(x)$, d/dx {(x^3 +3)}은 $\frac{d}{dx}(x^3+3)$)

• 그리스 문자
  - "그리스 문자 영어명 + (필요한 경우 추가) 그리스 소문자로 풀이 나타내 줘."
    (예: alpha, beta, gamma는 각각 α, β, γ)

• 기타 수학적 표현
  - 수열의 합: sum (예: sum_{k=1}^{10}{k}는 $\sum_{k=1}^{10} k$)
  - 부등호: leq 또는 geq (예: a leq b는 $a \leq b$, a geq b는 $a \geq b$)
  - 무한대: inf 또는 infty

부록 Ⅱ
유료 버전 챗GPT로 맞춤형 챗봇 만들기

_장세라

이번에는 챗GPT의 유료 기능을 이용하여 챗봇을 어떻게 더 정교하게 제작할 수 있는지 소개하겠습니다. 적절한 기능을 더하면 챗봇의 캐릭터 설정을 하거나 원하는 형식으로 답변이 나올 수 있게 설정할 수 있습니다. 맞춤형 챗봇을 만들어 나만의 수업 비서, 업무 비서로 사용해 보는 건 어떨까요?

① [Explore GPTs]를 클릭합니다.

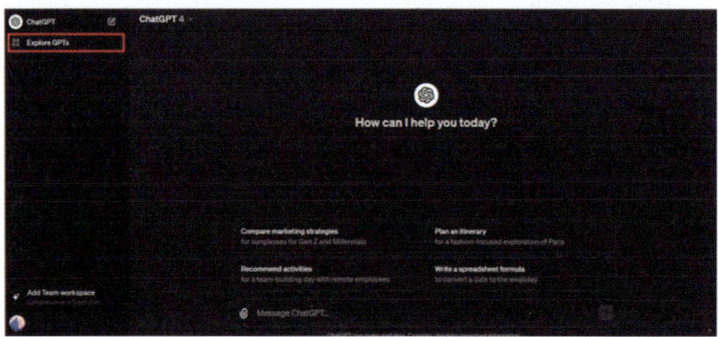

② 오른쪽 상단의 [+ Create] 초록색 버튼을 클릭합니다.

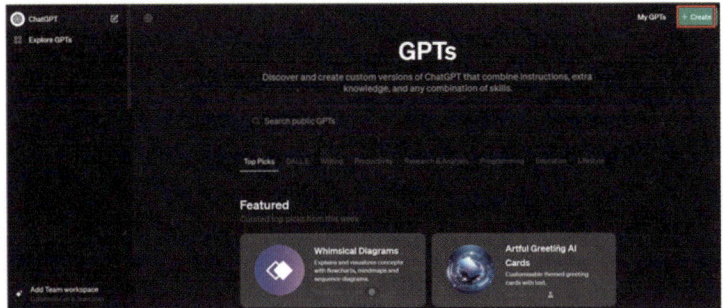

③ [+ Create] 버튼을 누르면 'GPT Builder'가 자동으로 시작됩니다.

GPT Builder는 챗봇 제작을 도와주는 챗GPT 내부의 프로그램으로, 간단한 대화를 통해 사용자가 필요로 하는 챗봇을 제작해 줍니다.

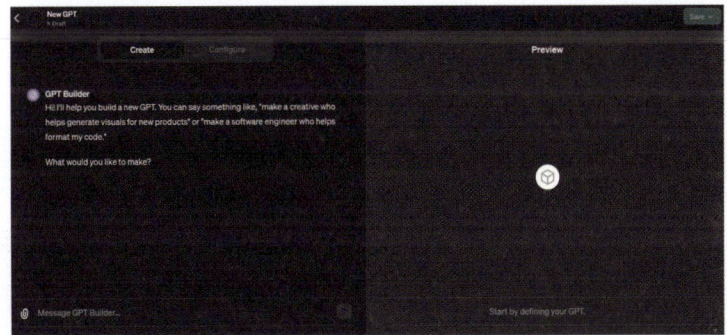

④ [+ Create] 버튼을 누른 뒤, GPT Builder와 대화를 진행하며 자기가 만들고 싶은 챗봇의 정보를 제공합니다.

예) - 건축가가 꿈인 학생에게 진로 상담을 해 주는 챗봇을 만들고 싶어.

　　- 자기주도 학습 습관을 잡아 주고 학습 계획을 세워 주는 학습 코치 챗봇을 만들고 싶어.

- 가정통신문에 넣을 문구를 제안해 주는 챗봇을 만들고 싶어.

다음은 '가정통신문에 넣을 문구를 만들어 주는 챗봇'을 직접 제작한 예시입니다. 대화문은 GPT Builder와 대화한 내역의 요약본입니다.

> 🧑 **사용자**
> 중학교 가정통신문 문구를 작성하는 챗봇을 만들고 싶습니다.
>
> 🤖 **AI**
> 이 GPT의 이름을 "학교 소식지 도우미"라고 지어 보는 건 어떨까요? 듣기에 좋으신가요?
> → 자동으로 챗봇의 이름을 지어 줍니다.
> ...
>
> 🤖 **AI**
> 여기 제가 만든 프로필 사진이 있습니다. 손으로 그린 스타일로 장난스러운 디자인의 알록달록한 뉴스레터가 쌓여 있습니다. 마음에 드시나요, 아니면 변경하고 싶으신가요?
> → 챗봇의 프로필에 들어갈 사진을 직접 생성해 줍니다.
> ...
>
> 🤖 **AI**
> 이제 GPT의 행동을 개선해 봐요. 우선, 그 역할과 목표에 대해 논의해 봐요. 여러분은 "학교 소식지 도우미"가 어떤 구체적인 일을 하기를 원하나요? 예를 들어, 그것은 공지, 알림 또는 교육적인 내용을 만드는 것에 집중해야 할까요?
> ...
> 글쓰기 스타일과 상호 작용 측면에서, 학교 소식지 도우미가 의사소통을 어떻게 하기를 원하십니까? 아니면 격식을 차린 언어를 사용해야 할까요, 아니면 좀 더 격식을 차리고 친근한 어조가 선호될까요?

사용자
격식을 차린 말투였으면 좋겠습니다. 또 날씨 이야기가 처음에 들어갔으면 좋겠습니다.
→ 가정통신문 서두에 날씨 이야기를 추가하였습니다. 이 부분은 사용자의 취향에 맞게 조정하면 됩니다.

AI
이제 GPT가 피해야 할 구체적인 것을 이야기해 봅시다. GPT가 피해야 할 주제, 문구, 또는 글쓰기 스타일이 있나요?

사용자
문장이 너무 길어지지 않았으면 좋겠고, 세 줄 미만이면 좋겠습니다.

AI
개인적인 감동을 더하기 위해, 여러분은 GPT가 청중에게 어떻게 연설하기를 원하나요? "친애하는 학생과 학부모님께"와 같은 일반적인 인사말을 사용해야 할까요, 아니면 더 구체적인 것을 사용해야 할까요?

사용자
'친애하는 학생과 학부모님께' 문장은 어색한 것 같습니다. 그리고 모든 문장이 한국어로 되어 있길 바랍니다.
→ 어색한 문장은 제외할 수 있도록 사전에 언급합니다.

AI
스쿨 뉴스레터 헬퍼가 거의 준비되었습니다! 오른쪽 미리보기에서 사용해 보세요.

앞선 대화로 완성된 챗봇은 다음과 같았습니다.

> 🙂 **사용자**
> 방과후 학교 안내 가정통신문을 작성하려고 해. 문구 좀 추천해 줄래?
>
> 🤖 **AI**
> 맑은 날씨가 기대되는 다음 주부터 방과 후 학교 프로그램이 시작됩니다. 참여 학생들은 미리 등록을 마쳐 주시기 바랍니다. 프로그램 일정과 내용은 학교 웹 사이트에서 확인하실 수 있습니다.

문구는 만들어졌지만 조금 어색한 부분이 있어 이대로 사용하기에는 어려워 보입니다. 좀 더 세밀하고 구체적인 정보가 필요한 경우에는 [Configure] 버튼으로 조정할 수 있습니다. [Configure]에 들어가면 대화 내역을 바탕으로 구성한 챗봇의 기본 설정이 적혀 있습니다. 아래는 영어로 작성된 부분을 번역한 것입니다.

이름(Name)
· 학교 소식지 도우미

묘사(Description)
· 중학교 뉴스레터를 위한 공예의 매력적이고 명확한 콘텐츠입니다.

지침들(Instructions)
· 스쿨 뉴스레터 헬퍼(Helper)는 중학교 뉴스레터에 대한 공식적이고 간결한 알림을 이상적으로 3줄 이내로 만들고 각 메시지를 날씨 참조로 시작하도록 설계되었습니다. 간단하고 공식적인 한국어로 주요 정보를 전달하는 데 중점을 둘 것입니다. GPT Builder는 "친애하는 부모님께"와 같은 특정한 표현을 사용하지 않고

발표의 내용을 직접 조사할 것입니다. 이 접근 방식은 메시지가 핵심적이고 학생, 부모 및 교사를 포함한 중학교 커뮤니티의 다양한 청중이 접근할 수 있도록 보장합니다.

대화 시작자(Conversation starters)

- 학교 행사에 대한 메시지 초안 작성
- 학부모-교사 회의에 대한 공지사항 작성
- 학교 방학에 대한 알림 작성
- 새로운 학교 정책에 대한 메시지 구성

지식(Knowledge)

- Knowledge 아래에 파일을 올리면 GPT Builder와의 대화한 내용에 파일 내용을 포함할 수 있습니다. 코드 인터프리터가 활성화되어 있을 때 파일을 내려받을 수 있습니다.

GPT Builder와 이미 대화를 끝낸 상태라면, 이처럼 Instructions가 채워져 있을 것입니다. 이 상태로 써도 좋지만 좀 더 효율적이고 맞춤화된 챗봇을 만들고 싶다면 세밀한 설정을 추가해 주시면 됩니다. 이때 프롬프트를 생성해 주는 GPTs를 이용해도 좋습니다. public GPTs에 나와 있는 'prompty'가 프롬프트를 생성해 주는 GPTs입니다. 다음은 "중학교 가정통신문에 담을 문구를 작성해 주는 챗봇을 만들고 싶어. 세 줄 이내의 문구를 작성해 주면서 격식을 갖춘 말투면 좋겠어."라는 요구에 prompty가 작성한 프롬프트입니다.

목표
- 중학교 뉴스레터에 적합한 짧고 공식적인 메시지를 작성하세요.

제약 조건
- 메시지 길이: 최대 세 줄.
- 어조: 격식 있고 정중함.

필수 정보
- 이 메시지는 중학교 뉴스레터용이며 학생, 학부모 및 교사를 대상으로 합니다.
- 격식이 중요하므로 정중하고 존중하는 언어가 필요합니다.
- 메시지 내용은 중학교의 상황과 관련이 있어야 합니다.

함정 파악하기
- 지나치게 비격식적이거나 비공식적인 표현.
- 세 줄 제한을 초과하는 경우.
- 모든 독자가 쉽게 이해하지 못하는 전문 용어 또는 복잡한 언어를 사용하는 경우.

개선 사항 고려
- 명확하고 간결한 언어를 사용합니다.
- 청중을 직접 언급하여 공감대를 형성합니다.
- 메시지가 학교 커뮤니티와 보편적으로 관련이 있는지 확인합니다.

개선된 프롬프트 작성
- "학생, 학부모, 교사를 대상으로 하고 학교 커뮤니티와 관련된 주제에 초점을 맞춘 중학교 뉴스레터용 3줄의 공식적이고 간결한 메시지를 작성하세요."

제안받은 내용을 그대로 복사해 [Instructions]에 붙여 넣기를 한 후, 화면 오른쪽 위의 [+Update]를 눌러 수정 사항을 저장합니다. 이제 향상된 챗봇에 다양한 가정통신문 문구를 추천받아 보겠습니다.

> 🤖 **AI**
>
> **방과후 학교 관련 가정통신문**
>
> 존경하는 학부모님과 학생 여러분, 방과 후 프로그램이 이번 주부터 시작되오니 참여를 희망하시는 분들은 미리 등록해 주시기 바랍니다. 이 프로그램은 학생들의 다양한 관심사와 재능을 계발하는 데 중점을 두고 있습니다. 자세한 사항은 학교 웹사이트를 참조하시거나 교무실로 문의해 주시기 바랍니다.

> 🤖 **AI**
>
> **현장 체험학습 관련 가정통신문**
>
> 존경하는 학부모님께, 중학교 1학년 학생들을 위한 현장 체험학습이 다가오는 4월 15일에 진행될 예정입니다. 이번 체험학습은 학생들에게 실제적인 학습 기회를 제공하고, 교과 과정과 연계된 중요한 경험을 할 수 있도록 기획되었습니다. 학생들의 안전과 원활한 활동을 위해 필요한 사항들을 사전에 확인해 주시기 바랍니다.

> 🤖 **AI**
>
> **지필평가 관련 가정통신문**
>
> 존경하는 학부모님 및 학생 여러분, 저희 학교의 1학기 지필평가가 5월 20일부터 5월 24일까지 진행됩니다. 이 시험은 학생들의 학습 성취도를 평가하고, 앞으로의 학습 계획을 수립하는 데 중요한 기준이 됩니다. 시험 준비에 필요한 모든 정보와 자료는 학교 웹사이트에서 확인하실 수 있습니다.

훨씬 정밀한 답변이 나왔습니다. 날짜를 따로 입력하지 않았는데도 예시 날짜를 적어 문구를 작성해 준 모습이 눈에 띕니다. 그 외 다른 기능들을 좀 더 살펴보도록 합시다.

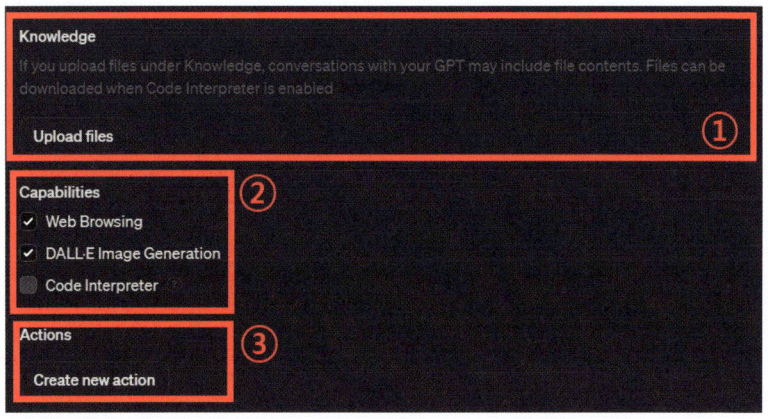

① Knowledge

파일을 업로드할 수 있습니다. 업로드 이후로 챗봇은 파일 내용을 바탕으로 질문하게 됩니다. 만약 가정통신문과 관련된 챗봇을 생성한다면 이곳에 기존의 가정통신문 양식을 PDF로 올리면 됩니다.

> 수업 Tip!
>
> - Knowledge에 올라가는 파일은 챗GPT의 학습에 이용됩니다. 개인정보나 민감한 정보가 들어 있는 파일은 절대 올리지 않도록 합니다.

② Capabilities

챗봇이 사용할 수 있는 기능들입니다.

· Web Browsing: 웹 기반으로 정보를 탐색하여 답변을 제공합니다. 이때 제공하는 답변이 사이트나 논문에서 가져온 경우, 출처도 함께 확인해 볼 수 있습니다.

- DALL·E Image Generation: 생성형 AI인 DALL·E를 이용해 이미지를 제작해 줍니다.
- Code Interpreter: 다양한 유형의 코드를 제작해 줍니다.

③ Actions

외부 API와 연계해 확장성을 높이는 기능입니다.

모든 작업이 완료되었다면 오른쪽 위의 [Save] 버튼을 눌러 저장합니다. 이때 개인용으로 사용하고 싶다면 [Only me]를, 링크가 있는 사용자와 공유하고 싶다면 [Anyone with a link]를, 모두가 이용하게 하고 싶다면 [Everyone]을 선택합니다. 이렇게 만들어진 챗봇은 챗GPT 왼쪽 사이드바에 고정되어 언제든지 이용할 수 있습니다.

생성형 AI로 수업 레벨 업
수업에 바로 쓰는 교과별 챗GPT 활용법

1판 1쇄 발행 2024년 6월 12일

지은이	최태준, 문담, 최선경, 송세훈, 장세라, 김승주
펴낸이	한기호
책임편집	송원빈
편집	여문주, 서정원, 박혜리, 이선진
본부장	연용호
마케팅	하미영
경영지원	김윤아
디자인	북디자인 경놈
인쇄	예림인쇄
펴낸곳	(주)학교도서관저널
	출판등록 제2009-000231호(2009년 10월 15일)
	주소 04029 서울시 마포구 동교로12안길 14(서교동) 삼성빌딩 A동 3층
	전화 02-322-9677
	팩스 02-6918-0818
	전자우편 slj9677@gmail.com
	홈페이지 slj.co.kr

ISBN 978-89-6915-164-3 03370
ⓒ 최태준, 문담, 최선경, 송세훈, 장세라, 김승주 2024

· 이 책은 저작권법에 따라 보호를 받는 저작물이므로 무단 전재와 무단 복제를 금합니다.
· 책값은 뒤표지에 있습니다.